Dr. Neal D. Barnard
& Dreena Burton

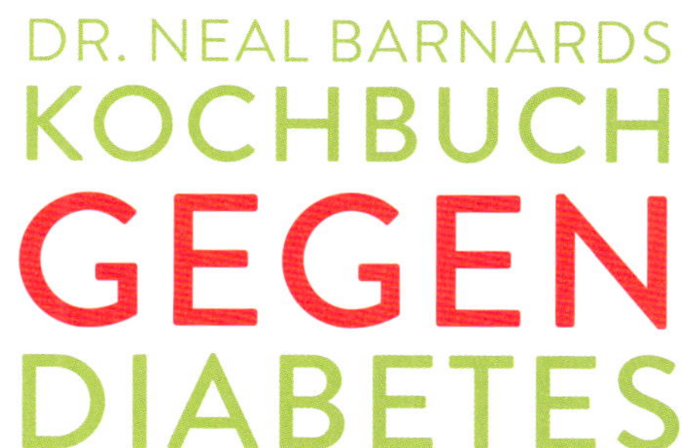

Dr. Neal D. Barnard
& Dreena Burton

DR. NEAL BARNARDS KOCHBUCH GEGEN DIABETES

150 Rezepte, die Diabetes ohne Medikamente heilen können – wissenschaftlich bewiesen

IMPRESSUM

Dr. Neal D. Barnard & Dreena Burton
Dr. Neal Barnards Kochbuch gegen Diabetes
150 Rezepte, die Diabetes ohne Medikamente heilen können – wissenschaftlich bewiesen
1. deutsche Auflage 2020
ISBN: 978-3-96257-171-9

Titel der Originalausgabe:
Dr. Neal Barnard's Cookbook for Reversing Diabetes
150 recipes scientifically proven to reverse diabetes without drugs

Buchgestaltung: Yeon Kim
published by Rodale Wellness, Live happy. Be healthy. Get inspired.

Übersetzung aus dem Englischen: Julia Augustin
Layout: Nicole Laka, www.nima-typografik.de
Satz: Linda Brummack
Coverlayout: © Narayana Verlag
Cover Satz: Narayana Verlag
Coverfotos: © Mitch Mandel, Rodale Images

Herausgeber:
Unimedica im Narayana Verlag GmbH,
Blumenplatz 2, D-79400 Kandern
Tel.: +49 7626 974 970-0
E-Mail: info@unimedica.de
www.unimedica.de

Dieses Buch widmen wir unseren Studienteilnehmern, dem Team des *Physicians Committee for Responsible Medicine* und unseren vielen Freunden und Kollegen, die Diabetes kontinuierlich mit aller Kraft bekämpfen.

INHALT

REZEPTE

Süßkartoffel-Toasts 32

Zitronen-Ananas-Muffins 38
Kakao-Karotten-Muffins 41
Heidelbeer-Maismehl-Muffins 42

Zauberhafte Smoothie-Bowl 46

Marokkanisches Salatdressing 94
Marokkanischer Bohnensalat 95

Griechische Linsen-weiße-Bohnen-Suppe mit Oliven-Tomaten-Gremolata 128

Pizzateig 151
Pizza! Pizza! 153

Falafel aus grünen Kichererbsen 181
Leichte Tahinisoße 85

Erdbeer-Chia-Pudding 211

LESEHINWEISE

Dieses Programm bekämpft Diabetes auf sehr wirkungsvolle Weise. Unser Fokus liegt nicht auf Pillen oder Injektionen, sondern auf Lebensmitteln. Sie halten die köstlichste »Verordnung« in Ihren Händen, die Sie sich überhaupt vorstellen können. Eine Ernährungsumstellung kann Ihre Gesundheit auf dramatische Weise verbessern und den Diabetes sogar ganz verschwinden lassen, und zwar in jeder Hinsicht.

Doch bevor wir loslegen, sollten Sie folgende Hinweise beachten:

KONSULTIEREN SIE IHREN ARZT. • Informieren Sie Ihren Arzt oder Ihre Ärztin darüber, dass Sie Ihre Essgewohnheiten verbessern. Eine Ernährungsumstellung ist natürlich nichts Gefährliches – ganz im Gegenteil. Sie ist außerordentlich gesund. Doch eine wirkungsstarke Ernährungsumstellung kann in Kombination mit den Medikamenten, die Sie womöglich einnehmen, zu einem zu starken Abfall Ihres Blutzuckerspiegels führen. Und Sport lässt Ihren Blutzuckerspiegel noch weiter sinken. Also beraten Sie sich gleich von Anfang an mit Ihrem Arzt oder Ihrer Ärztin, damit Ihre Medikamente zum richtigen Zeitpunkt entsprechend angepasst oder ganz abgesetzt werden können.

VERWENDEN SIE EIN BLUTZUCKERMESSGERÄT. • Es hilft Ihnen dabei, Ihre Fortschritte nachzuverfolgen. Es zeigt Ihnen auch an, wann Ihr Blutzucker so stark gesunken ist, dass Ihr Arzt Ihre Medikation verringern oder sogar ganz absetzen kann.

ERNÄHREN SIE SICH UMFASSEND UND VOLLWERTIG. • Auch wenn die Lebensmittel, die Sie in diesem Buch kennenlernen, sehr nährreich sind – sogar nährreicher als die, die bei anderen Diabetes-Diäten empfohlen werden –, gibt es einige Ergänzungsmittel, die ich nachdrücklich empfehle.

- Vitamin B_{12} ist für gesunde Nerven und Blutzellen unverzichtbar. Es wird aber weder von Pflanzen noch von Tieren gebildet. Wenn Sie beginnen, sich pflanzenbasiert zu ernähren, sollten Sie deshalb ein B_{12}-Ergänzungsmittel einnehmen. Das kann sowohl ein reguläres Multivitaminpräparat sein, das immer B_{12} enthält, oder ein spezielles B_{12}-Ergänzungspräparat. B_{12}-Ergänzungsmittel gibt es in Drogerien, Reformhäusern oder Apotheken. Alle diese Mittel enthalten die täglich empfohlene Menge oder sogar mehr. In Kapitel 3 gehen wir noch einmal genauer auf Vitamin B_{12} ein.
- Vitamin D hilft dem Körper dabei, Kalzium aus den verzehrten Lebensmitteln aufzunehmen, und schützt außerdem auch vor Krebs. In sonnigen Gefilden kann Ihr Körper dank der Sonneneinstrahlung auf Ihrer Haut all das von ihm benö-

tigte Vitamin D selbst bilden. Wenn Sie aber in einer weniger sonnigen Gegend leben, den größten Teil Ihrer Zeit in geschlossenen Räumen verbringen oder Sonnencreme benutzen, ist Ihr Vitamin-D-Wert sehr wahrscheinlich zu niedrig. Ein Ergänzungsmittel mit 2.000 IE pro Tag ist dann eine sichere und sinnvolle Maßnahme.

VERBREITEN SIE DIESE GUTEN NACHRICHTEN. • Vielleicht kennen Sie andere Menschen, die mit Diabetes, Übergewicht oder anderen Gesundheitsproblemen zu kämpfen haben. Viele Leute haben von dem Ansatz, der in diesem Buch beschrieben wird, wahrscheinlich noch nichts gehört. Es würde auch ihnen enorm helfen, wenn Sie die Informationen, die Sie hier finden, mit ihnen teilten.

Also legen wir los!

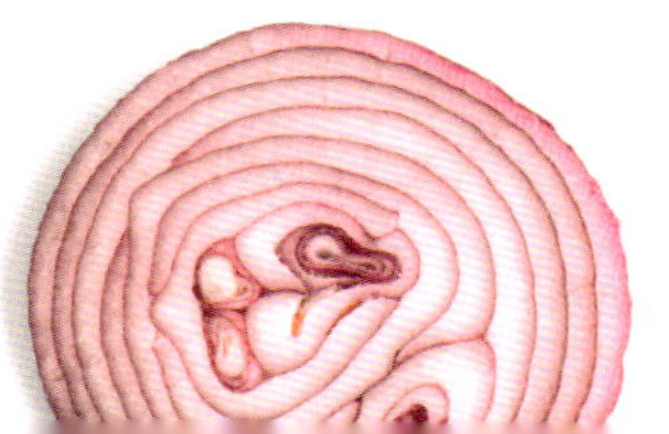

EINFÜHRUNG

Es waren Forscher der Yale University, die unser Verständnis von Diabetes revolutionierten. Damals lautete die gängige Annahme, dass Diabetes durch den Konsum von zu viel Zucker oder zu vielen kohlenhydratreichen Lebensmitteln wie Brot oder Kartoffeln verursacht wird. Eine nachvollziehbare Auffassung – schließlich haben Menschen mit Diabetes ja auch zu viel Zucker in ihrem Blut. Es war also völlig logisch, das Problem mit dem Konsum von zu vielen Süßigkeiten, zu vielen Softdrinks, zu viel Brot usw. in Zusammenhang zu bringen. Also wurden Hunderte Ratgeber geschrieben, die den Leuten ans Herz legten, weniger Zucker, Kartoffeln, Obst, Pasta, Bohnen und andere süße oder stärkehaltige Lebensmittel zu essen. Doch leider brachten diese Ernährungsveränderungen nicht viel.

Dank eines High-Tech-Verfahrens namens Magnetresonanzspektroskopie konnten die Yale-Forscher direkt in die Zellen von Diabetes Betroffenen hineinschauen. Was sie dort fanden, stellte unser Verständnis dieser Krankheit völlig auf den Kopf.

Das Yale-Team stieß auf mikroskopisch kleine Fettpartikel, die sich in den Muskel- und Leberzellen der Testpersonen versteckten. Dabei handelte es sich nicht um Bauch- oder Oberschenkelfett. Nein, es war Fett *innerhalb* der Muskel- und Leberzellen. Dieses Fett stammte von den Lebensmitteln, die die Betroffenen gegessen hatten. Es war bis in ihre Zellen vorgedrungen und hatte sich dort abgelagert. Von dort aus hinderten diese Fettpartikel den Zucker daran, in die Zellen zu gelangen. Genauer gesagt beeinträchtigten die Fettpartikel die Wirkung des Insulins – des Hormons, das den Zucker normalerweise in unsere Zellen leitet. Wenn dieser Prozess gestört wird, lagert sich der Zucker außerhalb unserer Zellen ab – in unserer Blutbahn.

Mit anderen Worten wird Diabetes nicht durch zu viel Zucker oder Kohlenhydrate verursacht, sondern durch eine Fettablagerung in unseren Zellen. Dies wiederum führt zu einer Insulinresistenz: Das Insulin zeigt keine normale Wirkung mehr. Es stellte sich übrigens auch heraus, dass sich Typ-2-Diabetes nicht mit einem Verzicht auf Kartoffeln, Brot, Obst und süße oder stärkehaltige Lebensmittel bekämpfen lässt. Stattdessen müssen wir etwas gegen die Fettablagerung in unseren Zellen tun.

Unser Forscherteam am *Physicians Committee for Responsible Medicine* arbeitet seit Langem an verschiedenen Möglichkeiten, um genau das zu erreichen. Wir testeten eine Ernährungsweise, die keinerlei tierische Fette und kaum Pflanzenöl enthielt. Theoretisch müsste diese zu einem Abbau der zellinternen Fettablagerungen führen. In einem direkten Vergleich mit Betroffenen von Typ-2-Diabetes stellten wir dieser fettarmen veganen Diät eine konventionelle »Diabetes-Diät« gegenüber.

Die Ergebnisse waren spektakulär. Nach 22 Wochen bewirkte die vegane Diät im Vergleich zur konventionellen Diabetes-Diät eine dreimal so starke Verbesserung der Blutzuckerkontrolle. Das war umso bemerkenswerter, weil die Testpersonen mit der konventionellen Diät sorgfältig auf stark eingeschränkte Portionsgrößen achteten und bei Kohlenhydraten große Vorsicht walten ließen. Die Testpersonen aus der veganen Gruppe konnten währenddessen so viel essen, wie sie wollten – ganz ohne Einschränkungen ihrer Kalorien- oder Kohlenhydratmenge und ohne eine Begrenzung ihrer Portionsgrößen. Sie veränderten auch nichts an ihrem Aktivitätsgrad oder ihrer Medikation. Allein die Ernährungsumstellung ließ ihren Blutzuckerspiegel drastisch sinken. Darüber hinaus verbesserten sie auch noch ihre Cholesterinwerte und nahmen ab. Die pflanzenbasierte Diät stellte sich also als eine außergewöhnlich wirkungsstarke Ernährungsstrategie zur Bekämpfung von Diabetes und aller mit ihm einhergehenden gesundheitlichen Probleme heraus.

Wenn Sie bislang noch nichts von diesen wunderbaren Neuigkeiten gehört haben – oder Ihr Arzt noch nie etwas in dieser Art erwähnt hat –, mag dies damit zusammenhängen, dass die Ergebnisse unserer National Institutes of Health-Studie erst 2006 von der American Diabetes Association in der Fachzeitschrift Diabetes Care veröffentlicht wurden. Die meisten Ärzte behandeln Diabetes immer noch auf der Grundlage des medizinischen Wissens, das sie sich lange vor diesem Zeitpunkt angeeignet haben. Außerdem liegt der Fokus bei der medizinischen Ausbildung nach wie vor auf Arzneimitteln und nicht auf der Ernährung – sogar wenn es sich um Dinge wie Diabetes oder zu hohe Cholesterinwerte handelt, bei denen die Ernährungsgewohnheiten die ausschlaggebende Rolle spielen. Die Ärzteschaft konzentriert sich bei der Behandlung eher auf Medikamente, obwohl eine Ernährungsumstellung oftmals nicht nur sicherer, sondern auch wirkungsstärker und weitaus patientenfreundlicher ist.

SCHMECKT DAS GANZE ÜBERHAUPT?

Wie gefiel den Studienteilnehmern diese Ernährungsweise eigentlich? Schließlich aßen sie weder Fleisch noch Käse oder irgendwelche anderen Tierprodukte, und auch ölige Pommes und andere fettige Speisen waren gestrichen. Mochten sie das Essen oder hatten sie das Gefühl, auf etwas verzichten zu müssen?

Um dies beantworten zu können, befragten wir unsere Studienteilnehmer ausführlich über ihre Ernährungsumstellung. Sie meldeten uns zurück, dass dieser neue Ansatz ihr Leben veränderte, und zwar nicht nur, weil er große Wirkung zeigte. Viele von ihnen waren auch überrascht, dass sich diese Umstellung leichter als andere Diäten bewerkstelligen ließ – wesentlich leichter als das Zählen von Kalorien oder Kohlenhydratgramm. Sie waren außerdem erleichtert, dass sie keine Low-Carb-

Diät mehr befolgen mussten, bei der sie sich schon beim bloßen Gedanken an eine Scheibe Brot oder eine Ofenkartoffel schuldig fühlten.

Da sie so viel essen durften, wie sie wollten, hatten sie nie Hunger. Und die große Auswahl an Gerichten und köstlichen Geschmacksrichtungen, die das Programm enthielt, ließ sie ihr Essen wirklich genießen – anders als bei den faden Diäten, die viele Teilnehmer zuvor ausprobiert hatten. Sie entdeckten neue Geschmacksrichtungen, neue Rezepte, neue Produkte und neue Restaurants. Viele nahmen diese Erfahrung weniger als Diät denn als Abenteuer wahr. Werfen Sie einen Blick auf die Rezepte in diesem Buch und Sie werden verstehen, was ich meine. Eine ganze Welt neuer Geschmackserlebnisse wartet darauf, von Ihnen entdeckt zu werden.

Doch vor allem wurden die Studienteilnehmer für ihre Mühe belohnt: Ungewollte Pfunde verschwanden ohne Sport, und ihr Medikamentenbedarf verringerte sich von Tag zu Tag. Viele berichteten, seit Jahren noch nie so viel Energie gehabt zu haben. Ihre Laborwerte verbesserten sich stetig. Und sie hatten plötzlich so stark wie noch nie das Gefühl, ihren Diabetes im Griff zu haben.

Wenn Sie also abnehmen, Ihren Diabetes bekämpfen oder andere gesundheitliche Probleme loswerden möchten, sind Sie hier genau richtig. Auf der ganzen Welt gibt es kulinarische Traditionen, die sich seit Jahrtausenden auf pflanzenbasierte Gerichte spezialisieren. Jetzt sind Sie an der Reihe. Die Rezepte in diesem Buch sind nicht nur eine köstliche Offenbarung für Ihre Geschmacksknospen, sondern auch ein wirkungsstarkes Mittel im Dienste Ihrer Gesundheit. Einige Rezepte sind spannende Variationen altbekannter Klassiker, während andere Sie in eine ganz neue Geschmackswelt entführen.

Wenn Sie mit dem Kochen beginnen, möchte ich Sie dazu ermuntern, auch andere hilfreiche Ressourcen zu Rate zu ziehen. Falls Sie »Dr. Barnards revolutionäre Methode gegen Diabetes« noch nicht gelesen haben, sollten Sie einen Blick auf die dort präsentierten detaillierten Informationen werfen. Auch meine anderen

Bücher beschäftigen sich mit wichtigen Gesundheitsfragen – von der Prävention von Alzheimer bis hin zum Eliminieren chronischer Schmerzen. Meine Organisation, das *Physicians Committee for Responsible Medicine,* bietet eine ganze Reihe innovativer Programme und Leistungen an, über die Sie mehr auf der Webseite PCRM.org erfahren können. Dazu zählen:

- *The 21-Day Vegan Kickstart,* ein kostenfreies Online-Programm mit täglich neuen Rezepten, Menüs und Kochvideos, das jeden Monat neu beginnt.
- Das *Food for Life-Programm,* das von speziell ausgebildeten Instruktoren geleitet wird und in Dutzenden Gemeinden in den USA Ernährungs- und Kochkurse anbietet.
- Unser fortlaufendes Weiterbildungsprogramm für Ärzte, Pflegepersonal, Ernährungsberater und andere medizinische Fachkräfte sowie unsere jährlich stattfindende *International Conference on Nutrition in Medicine.*
- Das *Barnard Medical Center,* bei dem eine umfassende Ernährungseinschätzung und -beratung ein fester Bestandteil der medizinischen Versorgung ist.

Dreena Burton, die Entwicklerin der wunderbaren Rezepte in diesem Buch, hat ebenfalls eine Reihe großartiger eigener Bücher veröffentlicht. Darüber hinaus leitet sie *Dreena Burton's Plant-Powered Kitchen* (dreenaburton.com).

Ich hoffe, Sie haben Spaß am Erkunden dieser neuen kulinarischen Welt und lernen viele Dinge, über die Sie sich mit anderen austauschen können. Ich wünsche Ihnen beste Gesundheit!

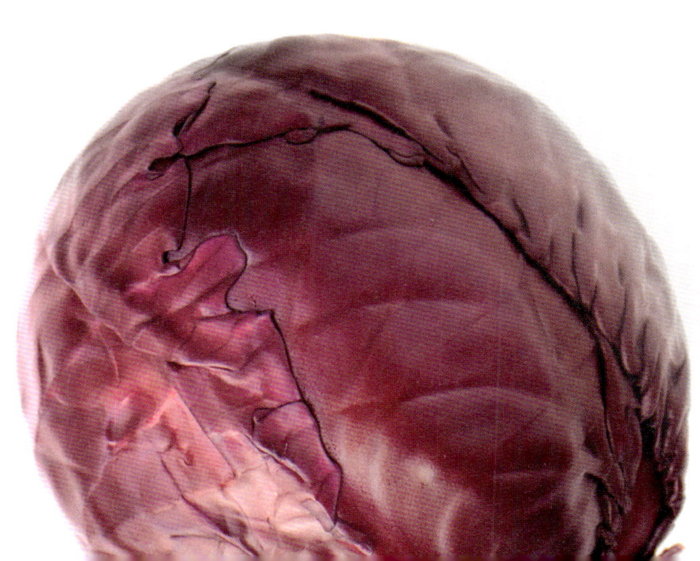

VORWORT

WAS BEDEUTET ES, DIABETES »UMZUKEHREN«?

2003 nahm ein Mann zu unserem Forschungsteam am *Physicians Committee for Responsible Medicine* Kontakt auf, weil er an einer Studie über Typ-2-Diabetes teilnehmen wollte. Seine gesamte Familie litt unter der Krankheit, und er selbst erhielt die Diagnose mit nur 31 Jahren. Zu Beginn der Studie war nicht nur sein Blutzuckerwert erhöht – er musste auch einiges an Gewicht abnehmen. Doch als er unter unserer Anleitung mit einem fettarmen und pflanzenbasierten Ernährungsprogramm begann, änderte sich alles. Sein Übergewicht schmolz förmlich dahin, und sein Blutzuckerwert sank von Tag zu Tag. Je mehr Wochen vergingen, umso besser ging es ihm. Sein Hausarzt war von seinen Fortschritten stark beeindruckt und setzte seine Diabetesmedikamente ab. Der Mann brauchte sie einfach nicht mehr. Irgendwann verbesserten sich seine Blutwerte so stark, dass sich nicht einmal die geringsten Anzeichen für einen Diabetes finden ließen. Er nahm überhaupt keine Diabetesmedikamente mehr, und sein Blutzuckerwert befand sich im völlig normalen Bereich.

Also stellte sich die Frage: Was sollen wir ihm erzählen? Auch ich hatte, so wie Sie vielleicht auch, noch gelernt, dass Diabetes unheilbar ist. Früher hieß es einfach »Einmal Diabetes, immer Diabetes«. Und trotzdem stand hier ein Mann, der jahrelang an dieser Krankheit gelitten hatte, jetzt aber keine Medikamente mehr bekam und trotzdem völlig normale Blutzuckerwerte hatte. Er hätte in jedes Krankenhaus dieser Welt marschieren können, und niemand wäre auch nur auf den Gedanken gekommen, dass er jemals Diabetes hatte. Sollten wir ihm also sagen, dass sein Diabetes verschwunden war?

Mittlerweile lässt sich diese Frage dank unserer Kollegen aus dem chirurgischen Bereich leichter beantworten. Bei Patienten, die nach adipositas-chirurgischen Eingriffen Hunderte Pfund verlieren, verschwindet der Diabetes oft. Deshalb kann sich die Ärzteschaft inzwischen besser mit der Idee anfreunden, dass sich Typ-2-Diabetes rückgängig machen lässt. Viele Ärzte haben bemerkt, dass die Bluttests von Menschen, die sehr viel Gewicht verloren oder ihre Ernährung grundlegend umgestellt haben, wieder Ergebnisse im normalen Bereich zeigen.

Doch »umkehren« ist kein medizinischer Begriff. Wenn ich von der »Umkehr von Typ-2-Diabetes« spreche, meine ich damit, dass sich der Erkrankungsprozess rückgängig machen lässt. Ein sich bisher ständig erhöhendes Körpergewicht verringert sich immer mehr. Cholesterin- und Blutdruckwerte, die sich immer weiter ver-

schlechterten, verbessern sich wieder. Blutzuckerwerte, die sich nur sehr schwer kontrollieren ließen, beginnen ebenfalls zu sinken – oftmals so stark, dass die Medikation verringert oder ganz abgesetzt werden muss. Manchmal verbessert sich ein Typ-2-Diabetes so sehr, dass er gar nicht mehr nachweisbar ist, und auch Beschwerden wie eine schmerzhafte Neuropathie können abklingen.

Beachten Sie aber Folgendes: Typ-1-Diabetes ist etwas völlig anderes und muss kontinuierlich mit Insulin behandelt werden, egal, wie stark Sie Ihre Ernährungsgewohnheiten auch verbessern. Trotzdem kann eine Ernährungsumstellung auch bei Typ-1-Diabetes hilfreich sein, wie wir später noch sehen werden.

Bei Einzelpersonen lässt sich im Vorhinein nicht voraussagen, wie stark sich ihr jeweiliger Diabetes verbessern kann. Aber Sie können damit beginnen, indem Sie es anpacken. Ich wünsche Ihnen mit diesem wirkungsvollen Programm den größtmöglichen Erfolg!

KAPITEL 1

DIABETES RÜCKGÄNGIG MACHEN

Schauen wir uns kurz einige grundlegende Dinge an: Diabetes bedeutet, dass wir zu viel Zucker in unserem Blut haben. Dieser Zucker – auch *Glukose* genannt – ist der Treibstoff unseres Körpers. Das ist jedenfalls seine angedachte Aufgabe. Glukose liefert uns die Energie, die wir brauchen, um unsere Muskeln zu bewegen, unser Gehirn denken und den ganzen Rest von uns die Dinge tun zu lassen, für die unser Körper geschaffen ist. Wie Benzin für Autos ist Glukose für uns der Kraftstoff, den unsere Zellen zum Funktionieren brauchen.

Wenn wir Diabetes haben, gelangt die Glukose nur schwer in unsere Zellen, wo sie eigentlich hingehört. Stattdessen sammelt sie sich in unserer Blutbahn an. Das Problem dabei ist das Insulin, ein Hormon, das in unserer Bauchspeicheldrüse gebildet wird. Insulin funktioniert normalerweise wie ein Schlüssel, der die äußere Zellmembran öffnet, um die Glukose hineinzulassen. Bei Diabetes versagt das Insulin aber. Es leitet die Glukose nicht mehr so gut in die Zellen, also fehlt unserem Körper auch die Energiequelle, die er benötigt. Wir fühlen uns müde und schlapp. Noch schlimmer ist, dass die Glukose, die sich in unserer Blutbahn angesammelt hat, durch die feinen Blutgefäße unseres Herzens, unserer Augen, unserer Nieren und anderer Organe wandert und dort großen Schaden anrichten kann.

Wenn das Benzin nicht in Ihren Tank fließen kann, bleibt Ihr Auto stehen. Wenn es sich stattdessen über den Boden Ihrer ganzen Garage ergießt, kann es diesen zersetzen. Wir brauchen das Benzin aber *in* unserem Tank, und die Glukose *in* unseren Zellen. Wenn das Benzin und die Glukose nicht dort landen, wo sie hingehören, haben wir ein Problem.

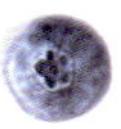

DREI HAUPTTYPEN

Es gibt drei Haupttypen von Diabetes: Typ 1, Typ 2 und Schwangerschaftsdiabetes.

TYP-1-DIABETES wurde früher auch als *Kinder- und Jugend-* oder *insulinabhängiger* Diabetes bezeichnet. Bei diesem Krankheitsbild werden die insulinproduzierenden Zellen durch eine Autoimmunreaktion zerstört. Das bedeutet, dass Antikörper in der Blutbahn die Bauchspeicheldrüse angreifen und die Betazellen zerstören, die das Insulin bilden.

TYP-2-DIABETES ist wesentlich häufiger als Typ-1-Diabetes. Dieser Krankheitstyp wurde früher *Erwachsenendiabetes* oder *nicht-insulinabhängiger* Diabetes genannt. Allerdings tritt er in Ländern, in denen Ernährungsweisen mit viel Fleisch und Milchprodukten zu Fettleibigkeit und zur Ablagerung von Fettpartikeln in Muskel- und Leberzellen führen, auch bei vielen Jugendlichen auf.

Bei diesem Diabetestyp bildet die Bauchspeicheldrüse zwar Insulin, aber die Zellen der Betroffenen reagieren nicht normal darauf, wie wir bereits weiter oben besprochen haben. Zur Überwindung dieser Insulinresistenz produziert die Bauchspeicheldrüse immer mehr Insulin, um die Glukose in die Zellen hineinzudrängen. Doch irgendwann geht diese Fähigkeit zur Insulinproduktion verloren, und der Blutzuckerspiegel steigt.

Der SCHWANGERSCHAFTSDIABETES ähnelt dem Typ-2-Diabetes, tritt aber, wie sein Name schon verrät, während der Schwangerschaft auf. Auch wenn er danach wieder verschwindet, ist er ein Anzeichen dafür, dass sich bald ein Typ-2-Diabetes entwickeln könnte. Wie Typ-2 ist auch er durch eine Insulinresistenz charakterisiert. Dieselben Verbesserungen der Ernährungsgewohnheiten, die bei der Prävention von Typ-2-Diabetes hilfreich sind, können auch das Auftreten eines Schwangerschaftsdiabetes verhindern.

ESSEN UND TYP-2-DIABETES

Typ-2-Diabetes ist vor allem unter Fleischessern weit verbreitet, während er bei Menschen, die auf Fleisch verzichten, weniger häufig, und bei Menschen, die ganz auf Tierprodukte verzichten, nur selten auftritt. Wie ich bereits in der Einführung erwähnt habe, hat unser Forschungsteam am *Physicians Committee for Responsible Medicine* Pionierarbeit bei der Untersuchung ernährungsbasierter Ansätze zur Bekämpfung von Diabetes geleistet. In den 1990er-Jahren testeten wir im Rahmen einer kleinen Pilotstudie in Zusammenarbeit mit unseren Kollegen der Georgetown University eine fettarme vegane Diät, also eine Ernährungsweise ganz ohne Tierprodukte. Die Studiendauer war nur sehr kurz – gerade einmal 12 Wochen –, und wir hatten auch nur 13 Teilnehmer. Dennoch waren die Ergebnisse so aufsehenerregend, dass nicht nur unser, sondern auch andere Forschungsteams weitere Studien entwickelten, um diesen wirkungsstarken neuen Ernährungsansatz weiter zu erforschen. Den größten Bekanntheitsgrad erreichte unsere NIH-Studie, deren Ergebnisse 2006 von der *American Diabetes Association* in der Fachzeitschrift *Diabetes Care* veröffentlicht wurden. Bei dieser Studie war die Verbesserung des A1C – des Bluttests, der normalerweise zur Blutzuckerkontrolle durchgeführt wird – bei Testpersonen, die weiterhin wie gewohnt ihre Medikamente nahmen und ihren Aktivitätsgrad beibehielten, bei einer veganen Diät dreimal größer als bei einer konventionellen Diabetes-Diät. Der A1C verbesserte sich dabei sogar stärker als nach der Einnahme oraler Diabetesmedikamente. Follow-up-Ergebnisse zu dieser Studie wurden von dem *American Journal of Clinical Nutrition*, dem *Journal of the American Dietetic Association* und weiteren Fachzeitschriften veröffentlicht.

Wir arbeiteten später auch mit Patienten mit *diabetischer Neuropathie* zusammen. Bei dieser Krankheit leiden die Betroffenen in einem späteren Diabetesstadium unter erheblichen Schmerzen und mitunter auch Taubheitsgefühlen. Wir fanden heraus, dass eine fettarme, vegane Ernährungsweise nicht nur den Blutzuckerspiegel und den allgemeinen Gesundheitszustand der Patienten verbessert. Sie lindert auch die schmerzhaften Symptome der Neuropathie oder lässt sie manchmal sogar ganz verschwinden, und sie verbessert die Nervenfunktion.

UND TYP-1-DIABETES?

Auch für Menschen mit Typ-1-Diabetes ist eine Ernährungsumstellung wichtig. Sie werden dadurch zwar nicht auf Insulin verzichten können, profitieren aber von zwei sehr wichtigen Verbesserungen.

Erstens kann dadurch die benötigte Insulinmenge verringert werden. Aus Gründen, die bisher noch nicht vollständig geklärt sind, können Betroffene von Typ-1-Diabetes, die mit einer fettarmen veganen Ernährung beginnen, ihren Blutzucker auch mit einer geringeren Insulinmenge als zuvor gut kontrollieren.

Zweitens kann eine Ernährungsumstellung dabei helfen, gesundheitlichen Komplikationen vorzubeugen. Diabetes greift die Blutgefäße im Herz, in den Augen und den Gliedmaßen an. Der Schaden, der durch Diabetes in den Blutgefäßen des Gehirns entsteht, mag auch erklären, warum diese Krankheit das Alzheimer-Risiko verdoppelt. Wenn Sie Typ-1-Diabetes haben, ist es äußerst wichtig, dass Sie Ihre Blutgefäße schützen. Tierische Fette oder Cholesterin sollten Sie deshalb von Ihrem Speiseplan streichen. Eine pflanzenbasierte Ernährung ist die beste Ernährungsweise für eine erfolgreiche Kontrolle des Gewichts, des Blutzuckers, des Cholesterins und des Blutdrucks, die allesamt einen großen Einfluss auf die Gesundheit Ihrer Arterien haben.

Abgesehen davon, dass bestimmte Lebensmittel bei einem *bestehenden* Typ-1-Diabetes sehr hilfreich sind, scheinen sie auch eine wichtige Rolle bei dessen *Prävention* zu spielen. 1992 veröffentlichten Wissenschaftler aus Kanada und Finnland einige bahnbrechende Erkenntnisse. Sie hatten 142 Kindern mit Typ-1-Diabetes Blutproben entnommen und dabei herausgefunden, dass jedes einzelne dieser Kinder Antikörper gegen Kuhmilchproteine in seinem Blut aufwies. Normalerweise bildet unser Körper Antikörper, um diese wie kleine Torpedos zur Abtötung eingedrungener Viren und Bakterien oder zur Zerstörung von Krebszellen einzusetzen. Doch bei diesen Kindern bildeten sich Antikörper gegen die Proteine in Milch. Diese Antikörper wendeten sich aber auch gegen die körpereigenen Bauchspeicheldrüsenzellen der Kinder und verursachten einen Diabetes. Darauf weisen zumindest die wissenschaftlichen Beweise hin. Auch andere Wissenschaftler haben sich bereits mit der Frage beschäftigt, ob ein Verzicht auf Kuhmilch das Entstehen dieser Krankheit verhindern kann.

Der logischste erste Schritt für eine Mutter wäre es also, ihr Kind selbst zu stillen. Der zweite, auf Milchprodukte zu verzichten. Das betrifft nicht nur das Kind, sondern auch die stillende Mutter, da die Milchproteine, die sie zum Beispiel in Form von Milch oder Käse zu sich nimmt, in ihre Muttermilch übergehen und so an ihr Kind weitergegeben werden können.

In diesem Buch setzen wir diese wissenschaftlichen Erkenntnisse in die Praxis um. Keines unserer Rezepte enthält Tierprodukte, dafür aber jede Menge gesunde Zutaten. Sie werden kein einziges Quäntchen tierischer Fette oder Cholesterin in ihnen finden, und Sie müssen sich auch keinerlei Gedanken über Kuhmilchproteine oder die Reaktion machen, die diese in Ihrem Körper auslösen könnten.

WIE LEBENSMITTEL IHRE GESUNDHEIT SCHÜTZEN

Schauen wir uns kurz an, auf welche Weise pflanzenbasierte Lebensmittel Wunder wirken.

SIE VERBESSERN DEN BLUTZUCKERWERT. • Wie wir gesehen haben, ist eine pflanzenbasierte Ernährung wesentlich wirkungsvoller als eine typische »Diabetes-Diät«. Die Diäten, die normalerweise in vielen Kliniken bei einem Typ-2-Diabetes verordnet werden, sind äußerst rückständig. Zunächst wird bei veralteten Diätmodellen versucht, den Kilos mit einer Kalorienbeschränkung zu Leibe zu rücken, meist mit 500 Kalorien weniger pro Tag. Wenn Sie also beispielsweise täglich 1.800 Kalorien aufnehmen, erlaubt Ihnen Ihre neue Diät nur noch 1.300. Den meisten Leuten vergeht dabei sehr schnell der Spaß, weil sie sich hungrig und schlapp fühlen. Außerdem verlangen solche konventionellen Diäten auch, dass Sie Ihre Kohlenhydratzufuhr begrenzen und auf einem bestimmten Niveau halten – bei jeder einzelnen Mahlzeit und an jedem einzelnen Tag. Bei einer stets konstanten Kohlenhydratzufuhr ist es nämlich leichter, blutzuckersenkende Medikamente richtig zu dosieren – so jedenfalls der Gedanke, der hinter dieser Strategie steckt. Mit anderen Worten: Sie essen bei so einer Diät nur für Ihre perfekt eingestellten Medikamente. Diese konventionellen Diäten wurden zu Zeiten entwickelt, in denen wir noch nicht über das heutige Wissen über die Ursachen von Diabetes verfügten.

Eine pflanzenbasierte Ernährung unterscheidet sich davon erheblich. Sie konzentriert sich auf die Ursache von Typ-2-Diabetes, also auf den Abbau der Fettablagerungen in den Zellen, auf die Bekämpfung der Insulinresistenz und auf ein deutliches Senken des Blutzuckerspiegels. Ihr Fokus liegt nicht auf einer optimalen Kompatibilität mit Ihren Medikamenten. Nein, ihr Ziel ist es, Ihren Medikamentenbedarf so weit wie möglich zu verringern oder die Medikamente ganz überflüssig zu machen.

SIE HELFEN BEIM ABNEHMEN. • Menschen, die sich pflanzenbasiert ernähren, sind durchschnittlich schlanker als diejenigen, die andere Essgewohnheiten haben. Jahrelang erforschten Wissenschaftler große Bevölkerungsgruppen, indem sie ihre Ernährungsgewohnheiten untersuchten und sie wogen. Besondere Aufmerksamkeit widmeten sie dabei den Siebenten-Tags-Adventisten, weil diese Bevölkerungsgruppe besonders gesundheitsbewusst lebt, auf Tabak und Alkohol verzichtet und sich oftmals vegetarisch ernährt. Die Adventistenstudien zeigten, dass eine durchschnittliche Person, die sich vegan ernährte, rund 16 Kilogramm weniger wog als ihre fleischessenden Freunde! Beim Vergleich von Fleischessern, Semi-Vegetariern, Pescetariern, Lakto-Ovo-Vegetariern und Veganern fand man heraus, dass die Leute, die sich vegan ernährten, zur *einzigen* Probandengruppe gehörten, deren Durchschnittsgewicht voll und ganz im gesunden Bereich lag. Ebenso zeigten Studien, dass die Leute schnell überschüssiges Gewicht verlieren, wenn sie beginnen, sich vegan und fettarm zu ernähren.

Aber wie passiert das Ganze? Warum führt eine pflanzenbasierte Ernährung dazu, dass die überflüssigen Pfunde verschwinden? Zunächst sind Obst, Gemüse, Bohnen und Getreide reich an komplexen Kohlenhydraten und enthalten nur sehr wenig Fett. Bei Käse und Fleisch ist das Gegenteil der Fall: Sie enthalten viel Fett, aber keine Kohlenhydrate. Das ist aus folgendem Grund wichtig: In jedem Gramm Fett verstecken sich ganze neun Kalorien, während es bei Kohlenhydraten nur vier Kalorien pro Gramm sind. Mit anderen Worten: Tierprodukte stecken oft voller Kalorien, pflanzliche Produkte aber nicht.

Abgesehen davon sind Obst, Gemüse, Bohnen und Vollkorngetreide auch sehr ballaststoffreich – und Ballaststoffe machen uns satt, enthalten aber keine Kalorien. In der Regel werden wir davon so voll, dass wir mit dem Essen aufhören, bevor wir es völlig übertreiben können. Fleisch hingegen ist keine Pflanze, also enthält es auch keine Ballaststoffe. Dasselbe gilt für Milchprodukte und Eier. Ballaststoffe kommen ausschließlich in Pflanzen vor. Wenn wir also Käse, Fleisch oder andere Tierprodukte essen, nehmen wir dabei jede einzelne darin steckende Kalorie auf – aber ohne irgendwelche Ballaststoffe, die uns davor bewahren, beim Essen über die Stränge zu schlagen. Im Gegensatz dazu bieten uns pflanzenbasierte Lebensmittel dank ihrer Ballaststoffe einen natürlich integrierten Schutz vor Völlerei, weil sie uns satt machen und unseren Appetit zügeln.

Zu guter Letzt zeigt unsere Forschung, dass der Stoffwechsel bei den Leuten, die mit einer fettarmen, pflanzenbasierten Ernährungsweise beginnen, nach einer Mahlzeit leicht angekurbelt wird. Das heißt, dass die Kalorien in den Stunden nach dem Frühstück, Mittag- und Abendessen schneller verbrannt werden.

All dies erklärt, warum eine fettarme, pflanzenbasierte Ernährungsweise uns dabei hilft, abzunehmen und einer späteren Gewichtszunahme vorzubeugen. Pflanzliche Lebensmittel sind nicht nur köstlich, sondern auch kalorienarm. Sie enthalten jede Menge appetitzügelnde Ballaststoffe und kurbeln die Kalorienverbrennung nach den Mahlzeiten an.

SIE SENKEN DEN CHOLESTERINSPIEGEL. • Fleisch und andere Tierprodukte enthalten Cholesterin. Wenn wir solche Lebensmittel essen, geht ein Teil dieses Cholesterins in unsere Blutbahn über und erhöht die Menge des Cholesterins, das schon vorher da war. Das kann zur Verstopfung von Arterien führen und unser Herz schädigen. Noch schlimmer ist, dass Milchprodukte, Fleisch und Eier gesättigte Fette enthalten, die unseren Cholesterinspiegel noch weiter ansteigen lassen. Die Auswirkung gesättigter Fette aus solchen Lebensmitteln ist noch größer als die des darin enthaltenen Cholesterins.

Pflanzliche Lebensmittel sind da völlig anders. Sie enthalten gar kein Cholesterin und nur sehr wenig gesättigte Fette. Dafür sind viele von ihnen reich an *löslichen* Ballaststoffen, die unserem Körper dabei helfen, überschüssiges Cholesterin loszuwerden.

SIE SENKEN DEN BLUTDRUCK. • Wenn sich Menschen pflanzenbasiert ernähren, sinkt ihr Blutdruck tendenziell. Wissenschaftler begründen das mit verschiedenen Faktoren: Erstens sind Pflanzen reich an Kalium, das den Blutdruck senkt. Zweitens enthalten Gemüse, Obst und andere pflanzenbasierte Lebensmittel kaum »böse« Fette. Sie machen unser Blut deshalb weniger dickflüssig oder »viskos« als Tierprodukte. Und drittens verlieren wir bei einer pflanzenbasierten Ernährung oft unerwünschtes Übergewicht, was den Blutdruck weiter sinken lässt. Im nächsten Kapitel zeigen wir Ihnen, wie Sie diese bahnbrechenden wissenschaftlichen Erkenntnisse in köstliche Gerichte verwandeln können.

KAPITEL 2

VOLLE POWER BEI JEDER MAHLZEIT

Metformin, das Medikament, das Patienten mit Typ-2-Diabetes am häufigsten verschrieben wird, ist nicht gerade besonders wohlschmeckend. Lassen Sie es einmal eine Weile auf Ihrer Zunge liegen, und Sie verstehen, was ich meine. Seine häufigsten Nebenwirkungen sind Magen-Darm-Beschwerden. Ja, es senkt den Blutzucker zu einem gewissen Grad, und es gibt sicherlich auch Menschen, denen Metformin und andere Diabetesmedikamente tatsächlich helfen. Ich möchte Ihnen also gar nicht nahelegen, es einfach abzusetzen. Doch die Lebensmittel, die Sie probieren werden, schmecken um Längen besser, und ihre kombinierte Wirkung ist wesentlich stärker, als es sich jedes orale Medikament je erträumen könnte. Außerdem sind die Nebenwirkungen von gesunden, pflanzenbasierten Lebensmitteln genau das, was Sie eigentlich wollen: eine schlankere Taille, mehr Energie und eine bessere Gesundheit.

Eine Ernährung, die Diabetes rückgängig macht, sollte sich auf die folgenden drei Dinge konzentrieren: den Verzicht auf Tierprodukte, das Verwenden einer geringstmöglichen Menge an Pflanzenölen und einen starken Fokus auf Lebensmittel mit einem niedrigen glykämischen Index (GI). Und so funktioniert es: Bei der Umsetzung dieses Plans wird Ihnen auffallen, was wir *nicht* tun: Wir unterwerfen uns weder einer Kalorienbeschränkung, noch verzichten wir auf Kohlenhydrate. Statt uns darauf zu konzentrieren, *wie viel* Sie essen, konzentrieren wir uns darauf, *was* Sie essen. Wir wollen, dass Sie essen, bis Sie sich satt fühlen, und dabei darauf vertrauen können, dass das Essen auf Ihrem Teller gesund ist.

Das sind die drei grundlegenden Kriterien dieser Diät:

1. EIN VERZICHT AUF TIERPRODUKTE. • Wir streichen Fleisch, Geflügel, Milchprodukte und Eier von Ihrem Speiseplan. Es wird sich also keinerlei tierisches Fett oder Cholesterin auf Ihren Teller verirren. Da alles, was Sie essen werden, pflanzlichen Ursprungs ist, stecken Ihre Gerichte voller Ballaststoffe und Vitamine – ein Riesenvorteil für Ihre Gesundheit!

»Wie, kein Fisch?«, fragen Sie sich jetzt vielleicht. Genauso ist es. Fisch ähnelt eher Fleisch als Brokkoli. Er enthält weder komplexe Kohlenhydrate noch Ballaststoffe, dafür aber Fett und Cholesterin. Manche Leute essen Fisch ja gerade deshalb, weil er so fettreich ist. Sie tun sich an Lachs gütlich, weil sie glauben, dass dessen Omega-3-Fettsäuren irgendein biologisches Wunder bewirken können. Lachs steckt tatsächlich voller Fett: Etwa 40 Prozent der Gesamtkalorien von Atlantiklachs stammen aus Fett. Königslachs besteht sogar zu mehr als 50 Prozent seiner Kalorien aus Fett. Das ist eine Menge. Und auch wenn ein Teil dieses Fetts tatsächlich Omega-3 ist, ist es der ganze andere Rest nicht. Lachs und andere Fischarten enthalten jede Menge gesättigter Fette. Und genau wie jede andere Fettart hat auch Fischfett eine hohe Kaloriendichte. Aus diesem Grund haben Lachsfans oft mit ihrem Gewicht zu kämpfen. Als Gruppe sind sie deutlich schwerer und haben ein höheres Diabetesrisiko als Menschen, die sich pflanzenbasiert ernähren.

Wenn Sie sich fragen, wie Sie ohne Milchprodukte genügend Kalzium aufnehmen, lautet die Antwort: Durch den Verzehr von grünem Blattgemüse und Bohnen. Diese enthalten nämlich reichlich davon. (Mehr dazu erfahren Sie im nächsten Kapitel.)

2. EINE GERINGSTMÖGLICHE MENGE AN PFLANZENÖLEN. • Auch wenn Pflanzenöle wesentlich gesünder sind als tierische Fette, da sie normalerweise viel weniger gesättigtes Fett enthalten, sind sie trotzdem sehr kalorienreich und sollten deshalb nur sehr sparsam verwendet werden. Das heißt auch, auf fettfreie Zubereitungsmethoden umzusteigen.
3. LEBENSMITTEL MIT EINEM NIEDRIGEN GLYKÄMISCHEN INDEX. • Der glykämische Index (GI) gibt an, wie stark bestimmte Lebensmittel unseren Blutzuckerspiegel beeinflussen. Weißbrot lässt ihn zum Beispiel deutlich ansteigen, während die Reaktion bei Roggenbrot wesentlich gemäßigter und bei Pumpernickel sogar noch schwächer ausfällt. Weißbrot hat daher einen hohen und Pumpernickel einen niedrigeren GI.

Wissenschaftler haben den GI Aberhunderter verschiedener Lebensmittel getestet. Doch gehen wir die Sache ein bisschen vereinfacht an. Alles, was Sie wissen müssen, ist Folgendes:

- Essen Sie Obst statt verarbeiteter Lebensmittel, die Zucker enthalten. Ja, Obst ist süß, wirkt sich aber wesentlich sanfter auf Ihren Blutzuckerspiegel aus.
- Essen Sie statt Weißbrot lieber Roggenbrot oder Pumpernickel.
- Essen Sie statt weißen Kartoffeln lieber Süßkartoffeln.
- Essen Sie statt typischen kalten Frühstückscerealien lieber Haferbrei oder Kleieflocken.

Bohnen und grünes Blattgemüse sind niedrigglykämische Stars, da sie sich kaum auf den Blutzuckerspiegel auswirken. Übrigens hat Pasta (auch Weißmehlpasta) überraschenderweise ebenfalls einen niedrigen GI, weil sie, anders als Brot, das wegen der oft verwendeten Hefe leicht und luftig ist, eine dichtere und kompaktere Konsistenz hat. Deshalb wird der natürlich darin enthaltene Zucker nur sehr langsam freigesetzt.

VIER GESUNDE LEBENSMITTELGRUPPEN

Da wir nun wissen, was wir besser von unserem Speiseplan streichen, sollten wir jetzt darüber reden, was unbedingt auf unseren Teller gehört. Bedienen Sie sich beim Zusammenstellen Ihrer Mahlzeiten aus den *vier gesunden Lebensmittelgruppen*: Gemüse, Obst, Vollkorngetreide und Hülsenfrüchte (Bohnen, Erbsen und Linsen). Stellen Sie sich diese wie eine große, bunte Farbpalette vor, die Ihre Ernährungsgrundlage darstellt.

GEMÜSE • Es gibt eine unendliche Auswahl an köstlichem Gemüse. Konzentrieren Sie sich besonders auf die Familie der *Kreuzblütler*, zu der Brokkoli, Blumenkohl, Grünkohl, Blattkohl, Rosenkohl und noch viele andere Sorten zählen. Diese Gemüsefamilie ist nicht nur reich an gut absorbierbarem Kalzium: Wie wissenschaftliche Studien bewiesen haben, kann sie auch vor Krebs schützen.

Sie sollten ebenfalls reichlich oranges Gemüse wie Karotten oder Süßkartoffeln essen. Seine leuchtende Farbe bekommt dieses Gemüse von Betacarotin, einem darin enthaltenen wirkungsstarken Antioxidans.

Viele Leute sehen in Gemüse nur eine nebensächliche Beilage, doch bei uns steht es im Mittelpunkt jeder Mahlzeit. Warum gönnen Sie sich nicht gleich zwei oder sogar mehrere Gemüsesorten bei einer Mahlzeit, wie zum Beispiel Brokkoli und Karotten oder Süßkartoffeln und Spargel?

OBST • Obst ist das eigentliche, ursprüngliche Fastfood. Es steckt voller Vitamine und Antioxidantien und eignet sich perfekt als Snack, als Dessert oder sogar als vollständige Mahlzeit, wenn Ihnen danach ist. Mit Äpfeln, Bananen, Orangen, Pfirsichen, Birnen und anderen häufigen Sorten kennen Sie sich bereits aus. Aber erweitern Sie Ihr Spektrum doch noch ein bisschen, falls Sie es bisher noch nicht getan haben, und probieren Sie tropische Papayas und Mangos oder köstliche Beeren wie Heidelbeeren, Himbeeren oder andere Beeren. Trotz seines süßen Geschmacks hat das meiste Obst einen niedrigen GI. Wassermelonen und Ananas bilden dabei eine kleine Ausnahme. Doch da sie zum Großteil aus Wasser bestehen und keine Unmengen Zucker enthalten, können Sie sie genauso wie anderes Obst genießen.

Achten Sie bei der Auswahl von Obst und Gemüse besonders auf die Farben. Orange, Rot und Lila stehen für einen hohen Antioxidantiengehalt. (Orange für Betacarotin, Rot für Lycopin und Lila für Anthocyane.) Grünes Blattgemüse ist typischerweise reich an Eisen und Kalzium.

VOLLKORNGETREIDE • Reis, Hafer, Gerste und Dutzende anderer Getreidesorten stecken genau wie die köstlichen Lebensmittel, die aus ihnen hergestellt werden, randvoll mit gesunden komplexen Kohlenhydraten und Ballaststoffen. Vollkorngetreide hat gesundheitsfördernde Eigenschaften, die raffiniertem Getreide fehlen. Wenn die äußere Schale eines Korns entfernt wird, verliert es seine Ballaststoffe. Das passiert zum Beispiel, wenn Naturreis zu weißem Reis oder Vollkornmehl zu Weißmehl weiterverarbeitet wird.

Doch obwohl dies so ist, entdeckten Wissenschaftler, die Weißmehlpasta untersuchten, dass diese einen überraschend gesunden GI hat – obwohl darin nur noch sehr wenige Ballaststoffe stecken. Wie gesagt liegt dies daran, dass Pasta sehr kompakt ist und nur langsam verdaut wird. Dadurch wirkt sie sich wesentlich schwächer auf den Blutzucker aus als Weißbrot, das Luftbläschen enthält. Der in Weißbrot enthaltende Zucker wird wesentlich schneller freigesetzt.

Mittlerweile gibt es einige Menschen, die sich für eine glutenfreie Ernährung entscheiden. Gluten ist ein Protein, das in Weizen, Gerste und Roggen vorkommt. Ungefähr 1 Prozent der Bevölkerung leidet an Zöliakie (einer starken Glutenunverträglichkeit) und *muss* daher auf diese Getreidesorten verzichten. Einige andere Menschen – wahrscheinlich einer von zehn – fühlen sich ebenfalls besser, wenn sie auf Gluten verzichten, weil ihre Verdauung dann besser funktioniert und sie sich auch geistig fitter fühlen. Die meisten Leute können Weizen, Gerste und Roggen aber problemlos essen.

HÜLSENFRÜCHTE • »Hülsenfrüchte« ist nichts weiter als ein Oberbegriff für Bohnen, Erbsen und Linsen. Pintobohnen, schwarze Bohnen, weiße Bohnen, Sojabohnen – diese einfachen Lebensmittel gehörten zu den Grundnahrungsmitteln unserer Großeltern, sind aber in letzter Zeit in Vergessenheit geraten. Holen Sie sie zurück in Ihr Leben! Sie liefern Ihnen gesundes Protein ohne lästiges Cholesterin, wertvolles Kalzium ohne gesättigte Fette und reichlich lösliche Ballaststoffe – und sie haben einen bemerkenswert niedrigen glykämischen Index.

Probieren Sie es doch einmal mit einer Linsen- oder Erbsensuppe als herzhafte Vorspeise. Pinto- oder schwarze Bohnen eignen sich fantastisch als Burrito- oder Tacofüllung, und Kichererbsen schmecken wunderbar in Salaten. Auch als Hummus auf Sandwiches oder als Dip sind sie unschlagbar. Sojabohnen lassen sich in fast alles Erdenkliche verwandeln: Von Sojamilch und -joghurt über Käse bis hin zu Bacon und Würstchen ist alles möglich. Alle diese Soja-Alternativen sind wesentlich gesünder als die Produkte, die sie ersetzen.

Übrigens – falls Sie dem »Soja ist ungesund!«-Mythos Glauben schenken, lassen Sie mich kurz einige Dinge klarstellen, um Licht in das Ganze zu bringen. Vor einem Jahrhundert entdeckten Forscher in Sojabohnen und vielen anderen Lebensmitteln spezielle Wirkstoffe, die *Isoflavone*. Da diese chemisch eine leichte strukturelle Ähnlichkeit mit Testosteron, Östrogen und anderen Hormonen aufwiesen, schlussfolgerten manche daraus, dass sie auch wie Hormone wirken und fruchtbarkeitsschädigend und krebsfördernd sind.

Dabei ist das Gegenteil der Fall: Sojaprodukte beeinträchtigen die Fruchtbarkeit überhaupt nicht. Eine Metaanalyse aus dem Jahr 2014, die die Ergebnisse von 35 Studien zusammenfasste, zeigte sogar, dass die Frauen, die die meisten Sojaprodukte konsumierten (Sojamilch, Tofu etc.), im Vergleich zu ihren Soja vermeidenden Freundinnen ein um circa 40 Prozent geringeres Brustkrebsrisiko haben. Ähnliches bestätigte auch ein Bericht, der auf den Erfahrungen von 9.514 Frauen beruhte, die zuvor wegen Brustkrebs behandelt worden waren. Diejenigen, die die meisten Sojaprodukte konsumierten, hatten im Vergleich zu denjenigen, die generell auf Soja verzichteten, ein um etwa 30 Prozent geringeres Rückfallrisiko. Und bei Männern scheinen Sojaprodukte das Risiko für Prostatakrebs zu verringern.

Sojaprodukte sind für eine gute Gesundheit nicht unbedingt unerlässlich, aber sehr praktisch. Außerdem legen die wissenschaftlichen Erkenntnisse nahe, dass sie vor Krebs schützen. Wie bereits erwähnt entwickeln Frauen, die Sojamilch, Tofu und andere Sojaprodukte konsumieren, seltener Brustkrebs. Wenn sie bereits wegen Brustkrebs behandelt wurden, scheinen Sojaprodukte ihre Überlebenschancen zu erhöhen.

VON ZUTATEN ZU KOMPLETTEN MAHLZEITEN

Gemüse, Obst, Getreide und Hülsenfrüchte sind die Grundzutaten. Auf Ihrem Teller werden sie zu schmackhaften Gerichten wie Pasta mit Artischockenherzen und geschmorten Austernpilzen, einem herzhaften Gemüse-Chili, einer Butternusskürbissuppe, kubanischen schwarzen Bohnen mit Reis und vielen anderen Köstlichkeiten.

Blättern Sie sich einfach durch die Rezepte ab Seite 19. Sie werden auf ein Caesar-Dressing stoßen, das unglaublich cremig ist, aber keinen Tropfen Tiermilch oder Öl enthält, und auch auf das leckerste Chili, das Sie jemals probiert haben. Es muss ja keiner wissen, dass sich darin auch Blumenkohl und Karotten verstecken. Oder wie wäre es mit einem Burger mit gerösteten Zwiebelringen? Wir zeigen Ihnen, wie Sie dieses Gericht auf gesunde Weise zubereiten können – ohne das geringste bisschen Fleisch oder Milchprodukte. Kosten Sie unsere Kakao-Karotten-Muffins (Seite 41) oder unseren Erdbeer-Chia-Pudding (Seite 211). Ihre Geschmacksknospen werden jubeln, während Ihr Körper immer gesünder wird.

BONUS

Noch zwei zusätzliche Hinweise:

- Essen Sie viel Rohkost. Aus irgendeinem Grund scheinen rohe gesunde Lebensmittel das Abnehmen noch stärker zu fördern. Die meisten Obstsorten schmecken roh fantastisch, ebenso wie viele Gemüsesorten. (Das gilt übrigens nicht für Brokkoli und andere Kreuzblütler, die gekocht werden sollten, um gut verdaulich zu sein.)
- Und verzichten Sie bitte nicht auf Kohlenhydrate. Einige Leute, die ständig auf Diät sind, können sich nur schwer von dem Abnehm-Dogma befreien, dass »Kohlenhydrate dick machen«. Doch wenn Sie Reis, Pasta und Süßkartoffeln von Ihrem Speiseplan streichen, verzichten Sie gerade auf die Lebensmittel, die ganze Bevölkerungen über Jahrtausende hinweg schlank und gesund bleiben ließen – und verdammen sich selbst zu einem lebenslangen Kampf gegen die Pfunde. Schnappen Sie sich einen bunten Marker in Signalfarbe und schreiben Sie auf Ihre Kühlschranktür: »Kohlenhydrate enthalten nur 4 Kalorien pro Gramm, Fett aber 9!« Und freuen Sie sich dann darauf, gesunde, kohlenhydratreiche Lebensmittel genießen zu können, die wenig Kalorien haben und Ihnen dabei helfen, schlank zu bleiben.

Im nächsten Kapitel schauen wir uns an, wie Sie sich vollwertig und umfassend ernähren. Es ist ganz leicht. Lesen Sie sich bitte auch unbedingt den Abschnitt über Vitamin B_{12} durch.

KAPITEL 3

EINE VOLLWERTIGE UND UMFASSENDE ERNÄHRUNG

Mahlzeiten aus Gemüse, Obst, Vollkorngetreide und Hülsenfrüchten versorgen Ihren Körper mit allen Nährstoffen, die er braucht, und erfordern bemerkenswert wenig Aufwand bei der Menüplanung. In diesem Kapitel konzentrieren wir uns darauf, dass Sie auch alle notwendigen Nährstoffe bekommen. Das ist, wie Sie gleich sehen werden, ganz leicht. Ein Großteil dieses Kapitels soll Sie einfach nur davon überzeugen, sich keine Gedanken über Nährstoffe zu machen, die nur wenig Aufmerksamkeit benötigen – wenn überhaupt.

Trotzdem gibt es einige Dinge, über die wir sprechen sollten. Damit meine ich besonders Vitamin B_{12}, also fangen wir gleich damit an.

VITAMIN B_{12} • Vitamin B_{12} ist für gesunde Nerven und Blutzellen unverzichtbar. Es wird aber weder von Pflanzen noch von Tieren gebildet, sondern von Bakterien. Einige Leute glauben, dass vor dem Aufkommen der modernen Hygiene die Bakterien aus dem Boden, auf den Pflanzen und auf unseren Fingern dafür sorgten, dass wir ausreichend B_{12}-Spuren aufnahmen. Ob das stimmt, lässt sich schwer sagen. Doch heute ist das sicherlich nicht mehr der Fall.

Fleischesser nehmen Spuren von B_{12} auf, weil es von den Bakterien im Verdauungstrakt von Kühen gebildet wird und in deren Fleisch und Milch übergeht. Auch wir haben ähnliche Bakterien in unserem Verdauungstrakt. Allerdings glauben Wissenschaftler, dass das Vitamin B_{12} zu weit unten in unserem Verdauungssystem gebildet wird, um von unserem Körper absorbiert werden zu können.

Viele Leute können B_{12} aber gar nicht richtig über Tierprodukte absorbieren. Das hängt damit zusammen, dass B_{12} an Proteine gebunden ist. Wenn wir nicht genug Magensäure produzieren – vielleicht, weil wir Magensäureblocker einnehmen oder einfach nicht mehr so viel davon bilden wie früher –, sind wir vermutlich nicht in der Lage, B_{12} gut zu absorbieren. Abgesehen davon beeinträchtigt Metformin die B_{12}-Absorption. Da dieses Medikament das am häufigsten verschriebene Mittel bei

Typ-2-Diabetes ist, lässt sich leicht nachvollziehen, warum vor allem Menschen mit Diabetes einen B_{12}-Mangel haben können.

Doch für dieses Problem gibt es eine Lösung: Ergänzungsmittel. Anders als das Vitamin B_{12}, das in Tierprodukten vorkommt, lässt sich das B_{12} aus Ergänzungsmitteln leicht absorbieren. Die empfohlene Tagesdosis von B_{12} ist sehr gering – nur 2,4 Mikrogramm pro Tag bei Erwachsenen. Sämtliche Multivitamine enthalten mehr als das. In Drogerien und Apotheken gibt es auch spezielle B_{12}-Ergänzungsmittel oder Präparate, die verschiedene B-Vitamine kombinieren. Alle diese Ergänzungsmittel eignen sich gut. Es gibt auch keine Risiken, die mit einer Überdosierung von B_{12} in Zusammenhang gebracht werden: Das Vitamin ist auch dann noch sicher, wenn es in hoher Dosierung eingenommen wird. Abgesehen davon werden auch einige Lebensmittel damit angereichert, zum Beispiel Frühstückscerealien, Sojamilch oder Hefeflocken. Doch um sicherzustellen, dass Sie auch die benötigte Menge aufnehmen, sollten Sie am besten regelmäßig ein B_{12}-Ergänzungsmittel einnehmen.

VITAMIN D • Wie wir bereits besprochen haben, hilft Vitamin D unserem Körper dabei, Kalzium zu absorbieren. Es schützt uns außerdem auch vor Krebs und hat noch weitere Funktionen. Wenn unsere Haut häufig ausreichend Sonneneinstrahlung bekommt, kann unser Körper Vitamin D selbst bilden. Als unsere Vorfahren noch in Äquatorialafrika lebten, produzierten sie dank reichlich Sonne immer genug Vitamin D. Doch irgendwann beschlossen unsere rastlosen Urahnen, sich an Orten wie North Dakota, Seoul oder Oslo niederzulassen, wo es deutlich weniger Sonnenschein gibt. Ganz abgesehen davon bekommen wir auch dann nicht genug Sonne ab, wenn wir den größten Teil des Tages in geschlossenen Räumen verbringen oder Sonnencreme benutzen. Deshalb ist es sinnvoll, ein Vitamin-D-Ergänzungsmittel einzunehmen. Bis zu 2.000 IE am Tag scheinen laut der US-amerikanischen Fachgesellschaft für Endokrinologie eine sichere Dosierung zu sein.

Wenn Sie sich nicht sicher sind, ob Sie ein Ergänzungsmittel brauchen oder nicht, lassen Sie Ihren Vitamin-D-Wert von Ihrem Arzt bestimmen. Ohne regelmäßige Sonneneinstrahlung auf Ihrer Haut ist es jedoch sehr wahrscheinlich, dass Sie ein Vitamin-D-Ergänzungsmittel benötigen.

Vitamin B_{12} und Vitamin D sind die beiden Vitamine, bei denen Sie ernsthaft über eine Supplementierung nachdenken sollten. Ein B_{12}-Ergänzungsmittel ist aus meiner Sicht unerlässlich, und ein Vitamin-D-Ergänzungsmittel eine sehr gute Idee.

Schauen wir uns jetzt an, wie es mit Protein, Kalzium und Eisen aussieht. Über diese Nährstoffe wird besonders häufig diskutiert, obwohl sie sich sehr einfach aufnehmen lassen.

PROTEIN • Protein übernimmt eine wichtige Funktion beim Reparieren von Körpergewebe und der Bildung verschiedener Moleküle, die der Körper braucht. Der entscheidende Punkt ist jedoch, dass die Proteinmenge, die wir benötigen, eigentlich überraschend gering ist. Auch wenn es gerade das Protein ist, das den Leuten vor einer Ernährungsumstellung Sorgen macht, nehmen die allermeisten von uns mehr davon auf, als wir überhaupt brauchen.

In Bohnen, Getreide und Gemüse steckt reichlich Protein. Bei Brokkoli, Spinat und anderem grünen Blattgemüse besteht der Gesamtkaloriengehalt zu circa einem Drittel oder sogar mehr aus Protein. Wenn Sie das überrascht, denken Sie einfach kurz an einen Stier, einen Elefanten oder eine Giraffe. Alle diese Tiere verdanken ihre massiven Körper ausschließlich pflanzlichem Futter.

Und gleich noch ein paar weitere Details: Sie wissen vielleicht schon, das Proteine aus Aminosäuren aufgebaut sind. Die Aminosäuren sind wie Perlen an einer Kette zu Proteinsträngen aufgereiht. Unser Körper kann einige dieser Aminosäuren selbst bilden, andere – die sogenannten *essenziellen Aminosäuren* – aber nicht. Diese müssen wir über unser Essen aufnehmen. Die gute Nachricht ist, dass all diese essenziellen Aminosäuren, also alle Proteinbausteine, die wir brauchen, in Pflanzen vorkommen. Wir müssen auch nicht in mühevoller Kleinarbeit bestimmte Lebensmittelgruppen miteinander kombinieren, um die eine oder andere spezielle Aminosäure zu absorbieren.

Eine normale, ausgewogene Ernährung auf der Basis von Gemüse, Obst, Bohnen und Getreide versorgt uns mit all den Aminosäuren, die wir benötigen.

Das gilt übrigens auch für Sportler. Ja, sie brauchen mehr Protein als weniger aktive Menschen, um ihren stärker belasteten Körper zu reparieren und fit zu halten. Doch eine pflanzenbasierte Ernährung liefert auch ihnen mehr als genug Protein – sogar den leistungsstärksten Athleten.

Fazit: Mit einer normalen und ausgewogenen pflanzenbasierten Ernährung bekommen Sie all das Protein, das Sie benötigen, und zwar ohne darüber nachdenken zu müssen. Genauso, wie Sie durch das bloße Atmen genug Sauerstoff einatmen, ohne ihn messen zu müssen, versorgt eine Ernährung mit pflanzlichen Lebensmitteln Sie mit all dem Protein, das Sie brauchen.

KALZIUM • Zum Aufbau gesunder Knochen und vieler anderer Dinge braucht unser Körper Kalzium. Aber dafür brauchen wir nicht das Kalzium aus Milchprodukten, zumal wir daraus auch nur ungefähr 30 Prozent absorbieren. Außerdem stecken in Milchprodukten neben Kalzium ja auch noch Laktose (eine Zuckerart), Milchfette, Hormone und jede Menge anderer Dinge, die wir *nicht* in unserem Körper wollen.

Grünes Blattgemüse enthält reichlich leicht absorbierbares Kalzium. Brokkoli, Grünkohl, Blattkohl, Rosenkohl und andere grüne Gemüsesorten sind randvoll damit. Und denken Sie kurz an Folgendes: Eine Kuh produziert das Kalzium, das in ihrer Milch steckt, nicht selbst. Sie frisst einfach nur das Kalzium, das in ihrem Grünfutter steckt – also im Gras. Genau das können Sie auch, aber mit einer großen Auswahl an Grünzeug, das viel besser schmeckt! Grünes Gemüse ist die beste Kalziumquelle, die Mutter Natur zu bieten hat. Nur Spinat bildet dabei eine Ausnahme: Anders als bei anderem grünen Blattgemüse lässt sich das Kalzium aus Spinat nicht besonders gut absorbieren.

Kalzium steckt auch noch in anderen pflanzlichen Lebensmitteln, vor allem Bohnen. Wenn es also um Kalzium geht, denken Sie am besten an Grünzeug und Bohnen!

EISEN • Grünzeug und Bohnen sind übrigens auch gute Eisenlieferanten. Sie wissen bereits, dass unser Körper Eisen braucht, um Hämoglobin zu bilden, das unseren roten Blutkörperchen dabei hilft, Sauerstoff zu transportieren. Diese gesunden pflanzlichen Lebensmittel enthalten jede Menge davon. Wenn Sie rotes Fleisch essen, weil Sie so ausreichend Eisen aufnehmen wollen, denken Sie daran, dass die Kuh auch ihr Eisen nicht selbst bildet. Sie nimmt es über dieselben Quellen auf, über die sie auch ihr Kalzium bekommt, nämlich über Gras und anderes Pflanzenfutter.

Für unseren Körper ist es tatsächlich besser, das Eisen direkt aus pflanzlichen Quellen und nicht aus Fleisch aufzunehmen. Warum? Das Eisen in Pflanzen wird auch *nicht-hämisches* Eisen genannt. Wenn unser Körper Eisen braucht, lässt sich dieses leichter absorbieren, und wenn er kein Eisen braucht, weniger leicht. Das ist deshalb wichtig, weil zu viel Eisen unser Herz und andere Organe schädigen kann.

Fleisch ist keine ideale Eisenquelle. Wenn das Eisen im Körper einer Kuh verändert wurde, wird es *hämisches* Eisen genannt. Da unser Körper die Absorption von hämischem Eisen nicht regulieren kann, sammelt sich bei Fleischessern im Laufe der Zeit zu viel Eisen im Körper an.

Mit Grünzeug und Bohnen stellen Sie also nicht nur Ihre Kalzium-, sondern auch Ihre Eisenversorgung sicher – und zwar in einer Form, die Ihr Körper am besten absorbieren und regulieren kann.

FETT • Bei einer gesunden Ernährung benötigen wir nur Spuren von Fett. Diese Menge lässt sich leicht über gesunde pflanzliche Nahrungsmittel aufnehmen. In Walnüssen, Sojaprodukten, Leinsamen und weiteren pflanzlichen Lebensmitteln steckt jede Menge gesundes Fett. Aber lassen Sie mich auch hier noch einmal ein Loblied auf grünes Blattgemüse singen: Es enthält zwar nicht viel Fett, doch die Spuren, die darin vorkommen, versorgen uns mit genau den gesunden Fetten, die unser Körper wirklich braucht.

Tierprodukte enthalten oftmals reichlich »böses« Fett – also die Art von gesättigtem Fett, die unseren Cholesterinspiegel ansteigen lässt und mit Alzheimer in Verbindung gebracht wird. Dieses Fett lagert sich außerdem auch in unseren Zellen ab und fördert eine Insulinresistenz.

Auch wenn die meisten pflanzlichen Lebensmittel nur geringe Fettmengen enthalten – was eine gute Sache ist –, gibt es auch ein paar Ausnahmen. Nüsse, Samen, Avocados, Oliven und Vollfett-Sojaprodukte sind fettreich. Auch wenn dieses Fett wesentlich gesünder ist als das Fett in Milchprodukten oder Fleisch (pflanzliche Öle enthalten generell wesentlich weniger gesättigtes Fett), enthält es trotzdem genauso viele Kalorien wie jedes andere Fett. Ich rate Ihnen deshalb, den Verzehr dieser fettreichen Lebensmittel auf ein Minimum zu begrenzen.

Und das ist schon alles. Essen Sie eine große Vielzahl an Gemüse, Obst, Vollkorngetreide und Bohnen. Verzichten Sie bei Ihrer Ernährung auf zusätzliche Fette. Nehmen Sie ein Vitamin-B_{12}-Ergänzungsmittel ein und falls Sie nicht genug Sonne abbekommen, auch ein Vitamin-D-Präparat. Wenn Sie all das tun, ernähren Sie sich vollwertig und umfassend und nehmen alle Nährstoffe auf, die Sie brauchen.

FRÜHSTÜCK

MÜSLI FÜR CHAMPIONS

ERGIBT 4 PORTIONEN

Ein wunderbar sättigendes und vollwertiges Frühstück mit einem Hauch köstlicher Süße – das ultimative Frühstück für Champions!

ZUTATEN

170 g	Haferflocken
3,5 EL	Mandelmehl (oder 3 EL Hanfsamen oder gemahlene Erdmandeln als nussfreie Variante)
2 EL	Sonnenblumen- oder Kürbiskerne (optional)
70 g	Rosinen
½ TL	Zimt
¼ TL	Muskat
1	Prise Meersalz
1	großer Apfel, gerieben (siehe Hinweis)
480–600 ml	fettarme Pflanzenmilch

ZUBEREITUNG

1. Haferflocken, Mandelmehl, Kerne (falls verwendet), Rosinen, Zimt, Muskat, Salz, Apfel und 500 ml Milch in einer großen Schüssel gut verrühren.
2. Abdecken und die Mischung mehrere Stunden oder über Nacht einweichen lassen.
3. Servieren und bei Bedarf die restliche Milch einrühren, um die gewünschte Konsistenz zu erzielen.
4. Auf Wunsch mit zusätzlichem Obst garnieren.

HINWEIS: *Wenn das Müsli über Nacht einweicht, fügen Sie den geriebenen Apfel am besten erst am nächsten Morgen hinzu, damit er länger frisch bleibt. Wenn Sie das Müsli im Voraus komplett zubereiten möchten, vermischen Sie den geriebenen Apfel erst mit etwas Zitronensaft, bevor Sie ihn unter das Müsli rühren. Verwenden Sie eine Apfelsorte, die nicht so schnell braun wird, wie z. B. Gala.*

PRO PORTION: 304 Kalorien, 9 g Protein, 54 g Kohlenhydrate, 17 g Zucker, 7 g Gesamtfettgehalt, 20 % Fettkalorien, 7 g Ballaststoffe, 131 mg Natrium

CREMIGER HAFERSCHROT

ERGIBT 5 PORTIONEN

Im Schnellkochtopf oder in einem Instant Pot ist dieser Haferschrot schnell gekocht (sogar noch schneller, wenn Sie kochendes Wasser verwenden). Die Pflanzenmilch macht ihn extra cremig.

ZUTATEN

- 185 g Haferschrot
- 720 ml kochendes Wasser
- 480 ml + 80-120 ml fettarme Pflanzenmilch, pur oder mit Vanillegeschmack
- 1 TL Zimt
- ½ TL Kurkuma (optional)
- ¼ TL geriebenes Muskat
- \+ ein paar Prisen Meersalz
- 140 g Rosinen
- 1 Spritzer Kokosblüten- oder Ahornsirup (optional)

ZUBEREITUNG

1. Haferschrot, Wasser, 500 ml Pflanzenmilch, Zimt, Kurkuma, Muskat und Salz in einen Schnellkochtopf oder Instant Pot geben. Kochzeit auf 7 bis 9 Minuten stellen (siehe Hinweis). Wenn der Haferschrot weich ist, den Schnellkochtopf abstellen und den Druck natürlich entweichen lassen.
2. Deckel abnehmen, Rosinen einrühren und erneut abdecken. Die Mischung einige Minuten ziehen lassen, damit sich die Rosinen mit Flüssigkeit vollsaugen können.
3. Je nach gewünschter Konsistenz und gewünschtem Geschmack die restlichen 80 bis 125 ml Pflanzenmilch sowie etwas zusätzlichen Zimt und Sirup (falls verwendet) unterrühren.
4. In Schüsseln anrichten und servieren.

HINWEIS: *Haferschrot wird im Schnellkochtopf schneller als in 7 bis 9 Minuten gar. Die erwünschte Cremigkeit stellt sich aber erst nach dieser Kochzeit ein. Wenn Sie es noch cremiger mögen, kochen Sie ihn insgesamt 10 Minuten lang.*

PRO PORTION: 296 Kalorien, 9 g Protein, 58 g Kohlenhydrate, 17 g Zucker, 4 g Gesamtfettgehalt, 12 % Fettkalorien, 6 g Ballaststoffe, 181 mg Natrium

FETTARMES KNUSPERMÜSLI

ERGIBT 6 PORTIONEN

Byebye, gekauftes Knuspermüsli! Diese Version ist wesentlich gesünder und fettärmer, hat aber jede Menge Geschmack!

ZUTATEN

260 g	Haferflocken
2 TL	Zimt
¼ TL	Meersalz
1 EL	Cashew- oder Mandelmus
½ EL	Melasse
160 ml	brauner Reissirup
80 g	Apfelmus
1 TL	Vanilleextrakt
50 g	Rosinen, getrocknete Cranberrys oder andere Trockenfrüchte

ZUBEREITUNG

1. Ofen auf 150 °C vorheizen. Ein großes Backblech mit Backpapier auslegen.
2. Haferflocken, Zimt und Salz in eine große Schüssel geben und gut vermischen.
3. Nussmus, Melasse, Sirup, Apfelmus und Vanilleextrakt in einen Mixer geben und glatt pürieren. In die Schüssel zu den trockenen Zutaten geben und alles gut miteinander vermengen.
4. Die Mischung auf das vorbereitete Backblech geben und 25 Minuten backen. Nach der Hälfte der Backzeit einmal umrühren.
5. Ofen ausschalten, Trockenfrüchte untermischen und das Knuspermüsli weitere 10 bis 15 Minuten im warmen Ofen lassen. Backblech aus dem Ofen nehmen und Knuspermüsli vollständig abkühlen lassen.
6. In Stücke brechen und in einen luftdichten Behälter füllen.
7. Mit Pflanzenmilch und Obst servieren oder einfach als Snack zwischendurch knabbern.

PRO PORTION: 346 Kalorien, 8 g Protein, 68 g Kohlenhydrate, 22 g Zucker, 5 g Gesamtfettgehalt, 12 % Fettkalorien, 6 g Ballaststoffe, 116 mg Natrium

HAFERFLOCKEN-BEEREN-BREI

ERGIBT 2 PORTIONEN

Ab in den Mixer, kurz durchmischen – und voilà, Ihr Frühstück ist fertig!

ZUTATEN

- 45 g Haferflocken
- 1 EL gemahlene Chiasamen
- 4 oder 5 Datteln, entsteint
- 1 Messerspitze Zimt oder Muskat
- ¼ TL Mandelextrakt (optional)
- 1 Prise Meersalz
- 240 ml + 2-3 EL fettarme Pflanzenmilch
- 165 g Himbeeren, frisch oder gefroren (siehe Hinweis)

ZUBEREITUNG

1. Haferflocken, Chiasamen, Datteln, Zimt, Mandelextrakt (falls verwendet), Salz und 240 ml Milch in einen Mixer geben. Einige Male häckseln, bis alles miteinander vermischt ist.
2. Bis auf 2 bis 3 EL alle Himbeeren hinzufügen und erneut kurz durchmixen, bis alles vermischt ist.
3. Die Mischung mit einem Teigschaber in eine Schüssel oder ein Schraubglas füllen. Restliche ganze Himbeeren unterheben.
4. Abdecken oder zuschrauben und mehrere Stunden (wenn als Snack gegessen) oder über Nacht im Kühlschrank ziehen lassen.
5. Vor dem Essen auf Wunsch mit den restlichen 2 bis 3 EL Pflanzenmilch verdünnen.

HINWEIS: *Statt Himbeeren können Sie auch gern einen Mix aus Heidelbeeren, Erdbeeren und Brombeeren verwenden – je nachdem, was Sie am liebsten mögen oder was Sie gerade zur Hand haben.*

PRO PORTION: 267 Kalorien, 8 g Protein, 53 g Kohlenhydrate, 20 g Zucker, 5 g Gesamtfettgehalt, 15 % Fettkalorien, 16 g Ballaststoffe, 199 mg Natrium

HIMBEER-ORANGEN-PANCAKE-SIRUP

ERGIBT 8 PORTIONEN (250 ML)

Die Kombination aus Ahornsirup und pürierten Beeren ergibt ein farbenfrohes Pancake-Topping, das sich auch wunderbar als Dessertsoße verwenden lässt.

ZUTATEN

270 g	Himbeeren, frisch oder gefroren
120 ml	frisch gepresster Orangensaft (siehe Hinweis)
4,5 EL	Ahornsirup
1	Prise Meersalz

ZUBEREITUNG

1. Himbeeren, Saft, Sirup und Salz in einen Mixer geben und glatt pürieren. Bei Bedarf Pausen einlegen und die Mixer-Innenwand mehrmals nach unten freischaben oder 1 bis 2 EL Wasser hinzufügen, um das Pürieren zu erleichtern.
2. Den glatt pürierten Sirup in ein luftdicht verschließbares Schraubglas oder eine Flasche geben und im Kühlschrank aufbewahren.
3. Der Sirup hält sich gekühlt ungefähr eine Woche lang.

HINWEIS: *Der Orangensaft verleiht der Soße bereits so viel Süße, dass Sie gar nicht so viel Ahornsirup brauchen. Wenn Sie sich unsicher sind, ob Sie den Geschmack der Soße mögen, verwenden Sie zunächst nur etwa 60 ml Organgensaft und passen Sie die Menge dann Ihrem eigenen Geschmack an. Fügen Sie bei Bedarf etwas mehr Ahornsirup hinzu.*

Siehe Foto Seite 26.

PRO PORTION: 65 Kalorien, 1 g Protein, 16 g Kohlenhydrate, 10 g Zucker, 0,4 g Gesamtfettgehalt, 6 % Fettkalorien, 4 g Ballaststoffe, 38 mg Natrium

ZIMTIGE PANCAKES

ERGIBT 4 PORTIONEN

Diese goldbraunen, herrlich lockeren Pancakes haben eine köstliche Zimtnote.

ZUTATEN

- 230 g Hafermehl
- 2 EL Chiasamen
- 1 EL Backpulver
- 2 TL Zimt
- 1 Prise Meersalz
- 1½ TL Vanilleextrakt
- 420 ml + 60 ml fettarme Pflanzenmilch mit Vanillegeschmack

ZUBEREITUNG

1. Hafermehl, Chiasamen, Backpulver, Zimt und Salz in einer großen Schüssel vermischen. Vanilleextrakt und 420 ml Pflanzenmilch hinzufügen und mit einem Schneebesen zu einem Teig verrühren. Teig einige Minuten eindicken lassen.
2. Eine große, beschichtete Pfanne leicht mit Backspray einsprühen und auf mittlerer Flamme einige Minuten erhitzen, bis sie heiß ist. Flamme herunterstellen und die Pfanne eine Minute leer darauf heiß halten.
3. Mit einer Kelle je einen reichlichen Esslöffel Teig aus der Schüssel nehmen und in der Pfanne zu Pancakes ausbacken. Je nach Pfannengröße 2 bis 3 Pancakes pro Durchgang zubereiten. Pancakes ein paar Minuten backen, bis sich am äußeren Rand und in der Mitte kleine Bläschen bilden und die Oberfläche trocken aussieht. (Bis zur Bläschenbildung warten, da sie sich sonst nur schwer wenden lassen.) Pancakes wenden und die zweite Seite circa 1 Minute lang backen. Restlichen Teig in Pancakes verwandeln.
4. Bei Bedarf den Teig mit der restlichen Pflanzenmilch verdünnen. Dabei nach und nach je 1 EL einrühren.

PRO PORTION: 312 Kalorien, 11 g Protein, 54 g Kohlenhydrate, 5 g Zucker, 6 g Gesamtfettgehalt, 17 % Fettkalorien, 9 g Ballaststoffe, 483 mg Natrium

FRÜHSTÜCKSREISKUCHEN

ERGIBT 4 PORTIONEN

Wenn Sie bei einem Abendessen unter der Woche extra viel Reis kochen, können Sie an einem anderen Tag schnell dieses leckere Frühstück zaubern. Es eignet sich übrigens auch wunderbar als Dessert.

ZUTATEN

- 300 ml fettarme Pflanzenmilch mit Vanillegeschmack
- 1 EL gemahlene Chiasamen
- 430 g gekochter brauner Reis (Rundkorn)
- 2-2 ½ reife (aber nicht überreife) Bananen, in Scheiben geschnitten
- 1 gehackter Apfel
- 2-3 EL Rosinen (optional)
- 1 TL Zimt
- ½ TL Vanilleextrakt
- ¼ TL frisch geriebenes Muskat (optional)
- 1 Prise Meersalz
- 2 EL Mandelmehl (oder Erdmandelmehl als nussfreie Variante)
- 2 EL Kokosblütenzucker

ZUBEREITUNG

1. Ofen auf 200 °C vorheizen.
2. Milch, gemahlene Chiasamen und 200 g Reis in einem Mixer oder einer Küchenmaschine recht glatt pürieren.
3. Pürierten Mix, Bananen, Apfel, Rosinen (falls verwendet), Zimt, Vanilleextrakt, Muskat (falls verwendet), Salz und den restlichen Reis in eine große Schüssel geben und gut verrühren. Mischung in eine 20 × 20 cm große Backform geben.
4. Mandelmehl und Zucker in einer kleinen Schüssel verrühren und über die Reismischung geben.
5. Backform mit Aluminiumfolie abdecken und 15 Minuten im Ofen backen. Herausnehmen, Folie abnehmen und weitere 5 Minuten backen.
6. Aus dem Ofen nehmen, 5 bis 10 Minuten abkühlen lassen und servieren.

PRO PORTION: 334 Kalorien, 7 g Protein, 69 g Kohlenhydrate, 22 g Zucker, 5 g Gesamtfettgehalt, 12 % Fettkalorien, 7 g Ballaststoffe, 145 mg Natrium

SÜSSKARTOFFEL-FRÜHSTÜCKSHAPPEN

ERGIBT 12 STÜCK

Die Süßkartoffeln verleihen diesen muffinähnlichen Snacks eine wunderbar natürliche Süße.

ZUTATEN

675 g	gekochte und abgekühlte Süßkartoffeln (siehe Hinweis)
146 ml	Ahornsirup
1 TL	Vanilleextrakt
115 g	Haferflocken
116 g	Hafermehl
½ TL	Zimt
½ TL	Kürbiskuchengewürz (Pumpkin Pie Spice, oder ein weiterer ½ TL Zimt)
2 TL	Backpulver
¼ TL	Meersalz
2-3 EL	Rosinen oder zuckerfreie vegane Schokotropfen (optional)

ZUBEREITUNG

1. Ofen auf 180 °C vorheizen und ein Backblech mit Backpapier auslegen.
2. Die Süßkartoffeln in einer mittelgroßen Schüssel zerdrücken. Sirup und Vanilleextrakt hinzufügen und gut verrühren.
3. Haferflocken, Hafermehl, Zimt, Kürbiskuchengewürz (falls verwendet), Backpulver und Salz zugeben. Alles gut verrühren.
4. Rosinen oder Schokotropfen (falls verwendet) unterheben.
5. 5 bis 10 Minuten im Kühlschrank kalt stellen.
6. Ungefähr 1 ½ EL große Portionen mit einem Abstand von 3 bis 5 cm auf das Backblech setzen. 17 bis 18 Minuten im Ofen backen, bzw. bis die Happen beim Andrücken fest sind.
7. Aus dem Ofen nehmen und abkühlen lassen.

HINWEIS: *Gekochte Süßkartoffeln auf Vorrat sind sehr praktisch. Im Kühlschrank halten sie sich 5 bis 6 Tage und können schnell in verschiedenen Rezepten verarbeitet werden. Beim Backen entfaltet sich das Süßkartoffelaroma besonders gut. Legen Sie dafür einfach ganze Süßkartoffeln auf ein mit Backpapier ausgelegtes Backblech und backen Sie sie bei 230 °C 40 bis 60 Minuten im Ofen, bzw. bis die Kartoffeln sehr weich sind. (Die Backzeit hängt von der Größe der Süßkartoffeln ab.)*

PRO 2 HAPPEN: 251 Kalorien, 6 g Protein, 52 g Kohlenhydrate, 19 g Zucker, 2 g Gesamtfettgehalt, 8 % Fettkalorien, 5 g Ballaststoffe, 281 mg Natrium

AMARANTH-PORRIDGE

ERGIBT 2 PORTIONEN

Amaranth und Hafer- oder Mandelmehl gehen in dieser köstlichen Kreation eine leckere und sättigende Allianz ein.

ZUTATEN

- 5 EL Amaranth
- 240 ml Wasser
- 240 ml fettarme Pflanzenmilch mit Vanillegeschmack
- ¼–½ TL Zimt
- \+ ein paar Prisen frisch geriebenes Muskat (oder Kardamom für ein intensiveres Aroma)
- 1 Prise Meersalz
- 30 g Hafermehl (siehe Hinweis zum Ersetzen mit Mandelmehl)
- 1-2 EL Ahornsirup
- \+ frische Beeren oder anderes Obst (optional, siehe Toppings)

ZUBEREITUNG

1. Amaranth, Wasser, Pflanzenmilch, Zimt, Muskat und Salz in einen kleinen Topf auf hoher Flamme geben. Zum Kochen bringen, Flamme niedrigstellen und abgedeckt unter ein- bis zweimaligem Umrühren 25 Minuten köcheln lassen.
2. Hafermehl mit einem Schneebesen einrühren und auf niedriger Flamme 1 bis 2 weitere Minuten köcheln lassen. Rühren, bis ein dicker und cremiger Brei entsteht.
3. Flamme abstellen, nach Geschmack mit extra Zimt oder Muskat nachwürzen und nach Belieben mit Ahornsirup süßen.
4. Mit Beeren oder anderem Obst garnieren (falls verwendet) und servieren.

HINWEIS: *Wenn Sie Haferprodukte nicht vertragen, versuchen Sie es mit Mandelmehl. Befolgen Sie einfach das Rezept und ersetzen Sie das Hafermehl mit 50 g + 1 bis 2 EL Mandelmehl (genug, damit der Brei eindickt). Lassen Sie den Porridge ohne Deckel unter Rühren einige Minuten auf niedriger Flamme köcheln, bis er blubbert und dick wird. Das Eindicken dauert mit Mandelmehl etwas länger als mit Hafermehl. Sie können auch noch 1 EL gemahlene Chiasamen einrühren, um den Porridge noch sämiger und nährreicher zu machen. Verfeinern Sie den Porridge nach Geschmack mit extra Zimt, Muskat und Ahornsirup oder Kokosblütensirup bzw. -zucker.*

OPTIONALE TOPPINGS

+ Garnieren Sie Ihren Porridge mit Trockenfrüchten wie gehackten Datteln, Rosinen, Cranberrys, Bananen oder Aprikosen!
+ Gefrorene Beeren kühlen den heißen Porridge beim Einrühren schnell auf eine angenehme Temperatur herunter.
+ Frische Beeren oder klein geschnittene Pfirsiche oder Nektarinen sind besonders im Sommer eine köstliche Idee.
+ Im Herbst oder Winter sind klein geschnittene Äpfel oder Birnen ein leckeres Topping.

PRO PORTION: 281 Kalorien, 9 g Protein, 52 g Kohlenhydrate, 12 g Zucker, 5 g Gesamtfettgehalt, 14 % Fettkalorien, 5 g Ballaststoffe, 198 mg Natrium

SÜSSKARTOFFEL-TOASTS

ERGIBT 1 PORTION

Machen Sie Ihren Frühstückstoast mit diesem wunderbar aromatischen und sättigenden Süßkartoffel-Topping zu einem genussvollen Start in den Tag! Würzen Sie ihn für ein kleines Geschmacksfeuerwerk nach Lust und Laune mit Pfeffer und Zitronensaft!

ZUTATEN

- 2 Scheiben gekeimtes Vollkornbrot
- 230 g gekochte und zerdrückte Süßkartoffel, geschält (siehe Hinweis)
- ½–1 TL Zitronensaft
- + ein paar Prisen Meersalz
- + frisch gemahlener Pfeffer (optional)
- 2 EL gewürfelte Avocado oder 1 EL schwarze Olivenscheiben

ZUBEREITUNG

1. Die Brotscheiben toasten.
2. Süßkartoffel in einer kleinen Schüssel mit Zitronensaft (Menge nach Geschmack anpassen), Salz und Pfeffer (falls verwendet) vermengen.
3. Süßkartoffelaufstrich auf die Brotscheiben streichen, mit Avocadowürfeln oder Olivenscheiben garnieren und servieren.

HINWEIS: *Es ist sehr praktisch, die Süßkartoffeln schon im Voraus zu backen. Legen Sie dafür einfach ganze Süßkartoffeln auf ein mit Backpapier ausgelegtes Backblech und backen Sie sie bei 230 °C 40 bis 60 Minuten im Ofen, bzw. bis die Kartoffeln sehr weich sind. (Die Backzeit hängt von der Größe der Süßkartoffeln ab.) Bewahren Sie sie bis zum Gebrauch im Kühlschrank auf oder frieren Sie sie ein. Im Gefrierfach halten sie sich einige Monate.*

PRO PORTION: 312 Kalorien, 8 g Protein, 59 g Kohlenhydrate, 11 g Zucker, 5 g Gesamtfettgehalt, 14 % Fettkalorien, 8 g Ballaststoffe, 1.018 mg Natrium

MISO-AVOCADO-TOAST

ERGIBT 1 PORTION

Die Misopaste macht diesen schnellen und einfachen Snack unwiderstehlich.

ZUTATEN

- 2 Scheiben gekeimtes Vollkornbrot (siehe Hinweis)
- 1-1 ½ TL Kichererbsen-Miso (oder eine andere milde Misopaste)
- 45 g reife Avocado, zerdrückt
- 1 Spritzer Zitronensaft (circa ½ TL)
- + ein paar Prisen Meersalz
- 1 TL Hefeflocken (optional)
- + frisch gemahlener schwarzer Pfeffer, je nach Geschmack
- 2 dicke Scheiben reife Tomate oder 1 Handvoll gehackter Kopfsalat oder Babyspinat

ZUBEREITUNG

1. Brotscheiben toasten.
2. Je ½ TL der Misopaste auf die noch warmen Scheiben streichen. Avocado darüber geben, Zitronensaft darauf träufeln und mit Salz bestreuen. Mit Hefeflocken (falls verwendet) und Pfeffer garnieren.
3. Tomatenscheiben und Salat oder Spinat darauf schichten und servieren.

HINWEIS: *Je nachdem, wie groß Ihr Hunger oder Appetit ist, reicht zum Frühstück vielleicht nur eine Scheibe. Essen Sie Ihr Miso-Brot zusammen mit frischem Obst wie bspw. einer Navelorange, frischen Beeren oder Melonenscheiben. Zum Mittagessen können Sie anstelle der Tomatenscheiben oder des Salats auch 5 EL Teriyaki-Kichererbsen (Seite 203) oder Geröstete marokkanische Kichererbsen (Seite 202) als zusätzlichen Belag verwenden und dazu einen grünen Salat oder Rohkost wie z. B. Karotten- und Gurkenstifte essen.*

PRO PORTION: 250 Kalorien, 7 g Protein, 38 g Kohlenhydrate, 4 g Zucker, 8 g Gesamtfettgehalt, 28 % Fettkalorien, 6 g Ballaststoffe, 1.190 mg Natrium

POLENTA-FRÜHSTÜCKSKÜCHLEIN

ERGIBT 3 PORTIONEN

Diese Polenta-Küchlein sind ein gesundes, ausgefallenes und sehr leckeres Frühstück und eine willkommene Abwechslung zum üblichen Frühstückseinerlei.

ZUTATEN

POLENTA-GRUNDREZEPT

1 Liter	Wasser
1 TL	Salz
250 g	Polenta

KÜCHLEIN:

+	erkaltete, feste Polenta
1 TL	Zimt
120 ml	*Himbeer-Orangen-Pancake-Sirup* (Seite 25) oder *Orangen-Mango-Creme* (Seite 212)
+	Bananenscheiben, frische Beeren, Pfirsich- oder Apfelspalten (optional)

ZUBEREITUNG

1. FÜR DIE POLENTA: Wasser und Salz in einen Stieltopf geben und zum Kochen bringen. Polenta mit einem Schneebesen einrühren. Flamme herunterstellen und die Polenta 10 Minuten unter regelmäßigem Rühren köcheln lassen. Herd abstellen und Polenta 15 Minuten ziehen lassen.
2. Eine Kastenform leicht mit Kochspray einsprühen und den Boden mit Backpapier auslegen. Polenta in die Form geben und glatt streichen.
3. 1 Stunde oder länger abkühlen und fest werden lassen.
4. FÜR DIE KÜCHLEIN: Eine beschichtete Pfanne auf mittlerer Flamme erhitzen.
5. Polenta aus der Form stürzen und in circa 1 cm dicke Scheiben schneiden.
6. Zimt auf einen Teller streuen und die Polentascheiben darin wenden. Überschüssigen Zimt mit einem Pinsel abbürsten.
7. Mehrere Polentascheiben in die Pfanne geben (es sei denn, Sie verwenden eine sehr große Pfanne, in der für alle Scheiben Platz ist). Unterseite der Küchlein 5 Minuten backen. Küchlein wenden und die zweite Seite 4 bis 5 Minuten backen, bis beide Seiten goldbraun sind.
8. Mit frischem Obst garnieren (falls verwendet), Himbeer-Orangen-Pancake-Sirup oder Orangen-Mango-Creme darüber geben und servieren.

PRO PORTION (MIT HIMBEER-ORANGEN-SIRUP): 227 Kalorien, 4 g Protein, 51 g Kohlenhydrate, 11 g Zucker, 1 g Gesamtfettgehalt, 4 % Fettkalorien, 6 g Ballaststoffe, 374 mg Natrium

PRO PORTION (MIT ORANGEN-MANGO-CREME): 219 Kalorien, 4 g Protein, 43 g Kohlenhydrate, 7 g Zucker, 3 g Gesamtfettgehalt, 12 % Fettkalorien, 3 g Ballaststoffe, 386 mg Natrium

OVERNIGHT OATS MIT BEEREN

ERGIBT 2 PORTIONEN

Die gefrorenen Beeren verleihen diesem über Nacht gezauberten Haferbrei jede Menge Geschmack und eine frische Farbe. Ein perfektes Frühstück, wenn es morgens schnell gehen muss, und ein ebenso leckerer Snack am Nachmittag oder Abend.

ZUTATEN

85 g	Haferflocken
135 g	Himbeeren oder gemischte Beeren (z. B. Heidelbeeren, Erdbeeren und Brombeeren), frisch oder gefroren
240 ml	+ 1-2 EL fettarme Pflanzenmilch (auf Wunsch etwas mehr beim Servieren)
½ EL	Chiasamen
2 EL	Kokosblüten- oder Agavensirup
1	Prise Meersalz

ZUBEREITUNG

1. Haferflocken, Beeren, Milch, Chiasamen, Sirup und Salz in einer großen Schüssel oder einem großen Schraubglas vermischen. Abdecken oder zuschrauben und mindestens einige Stunden, am besten aber über Nacht im Kühlschrank kalt stellen.
2. Auf Wunsch vor dem Servieren zum Verdünnen etwas mehr Milch einrühren und ggf. mit zusätzlichen Toppings garnieren (siehe Hinweis).

HINWEIS: *Vor dem Servieren können Sie Ihre Overnight Oats noch mit zusätzlichen Toppings wie zusätzlichen Beeren, Bananenscheiben, ein paar Kakaonibs oder 1 bis 2 EL Hanfsamen oder Kürbiskernen garnieren.*

PRO PORTION: 326 Kalorien, 9 g Protein, 64 g Kohlenhydrate, 21 g Zucker, 5 g Gesamtfettgehalt, 13 % Fettkalorien, 14 g Ballaststoffe, 205 mg Natrium

ZITRONEN-ANANAS-MUFFINS

ERGIBT 12 STÜCK

Locker, leicht und herrlich duftend – diese Muffins werden Sie lieben!

ZUTATEN

240 g	Hafermehl
160 g	Dinkelmehl
75 g	Kokosblütenzucker
2 ½ TL	Backpulver
½ TL	Natron
½ TL	Zimt
¼ TL	Muskat
+	reichlich ¼ TL Meersalz
1-1 ½ TL	Zitronenabrieb
180 ml	Pflanzenjoghurt, pur
4 EL	Kokosblüten- oder Ahornsirup
1 ½ EL	frisch gepresster Zitronensaft
240 ml	fettarme Pflanzenmilch, pur
141 g	gewürfelte Ananas, frisch, gefroren oder aus der Dose

ZUBEREITUNG

1. Ofen auf 180 °C vorheizen.
2. 12 Muffinpapierförmchen in die Mulden einer Muffinform geben (siehe Hinweis).
3. Hafermehl, Dinkelmehl und Zucker in einer großen Schüssel vermischen. Backpulver und Natron darüber sieben. Zimt, Muskat, Salz und Zitronenabrieb hinzufügen und alles gut vermischen.
4. Joghurt, Sirup, Zitronensaft und Milch in einer kleinen Schüssel gut verquirlen.
5. Die nassen Zutaten unter die trockenen rühren, bis ein Teig entsteht. Ananaswürfel unterheben.
6. Den Teig auf die Muffinförmchen verteilen. 26 bis 28 Minuten im Ofen backen, bzw. bis ein Zahnstocher nach dem Einstechen in die Mitte der Muffins sauber wieder herauskommt.
7. Aus dem Ofen nehmen und einige Minuten in der Form abkühlen lassen. Muffins herausnehmen und auf ein Kuchengitter setzen.

HINWEIS: *Diese Muffins werden größer, als die vom Bäcker, also füllen Sie die Förmchen ruhig bis zum Rand!*

PRO MUFFIN: 175 Kalorien, 5 g Protein, 36 g Kohlenhydrate, 13 g Zucker, 2 g Gesamtfettgehalt, 10 % Fettkalorien, 4 g Ballaststoffe, 240 mg Natrium

NEW BAKING METAL
OVENEX
PAT.
UNITED STATES OF AMERICA

KAKAO-KAROTTEN-MUFFINS

ERGIBT 12 STÜCK

Diese Muffins haben genau die richtige Süße für ein wunderbares Frühstück.

ZUTATEN

320 g	Dinkelmehl (oder 250 g Vollkornweizenmehl)
4 EL	Kokosblütenzucker (siehe Hinweis)
35 g	Kakaopulver
1 TL	Zimt
½ TL	Muskat
¼ TL	Meersalz
2 TL	Backpulver
½ TL	Natron
2 EL	Nussmus, z. B. Mandel- oder Cashewmus (oder 1 ½ EL Tahini mit 1 EL Ahornsirup vermischt)
240 ml	fettarme Pflanzenmilch
200 g	Apfelmus
200 g	kleine Karotten, geraspelt
50 g	Rosinen
2 EL	zuckerfreie vegane Schokotropfen (optional)

ZUBEREITUNG

1. Ofen auf 180 °C vorheizen.
2. 12 Muffinpapierförmchen in die Mulden einer Muffinform geben.
3. Mehl, Zucker, Kakaopulver, Zimt, Muskat, Salz, Backpulver und Natron in einer großen Schüssel gut verrühren.
4. In einer mittelgroßen Schüssel das Nussmus mit ein paar Esslöffeln Pflanzenmilch zu einer glatten Masse verquirlen. Nach und nach die restliche Milch und danach das Apfelmark unterrühren.
5. Feuchte Zutaten zusammen mit den Karotten, Rosinen und Schokotropfen (falls verwendet) zu den trockenen geben. Zu einem Teig verrühren, aber nicht zu stark rühren.
6. Den Teig auf die Muffinförmchen verteilen. 23 bis 24 Minuten im Ofen backen, bzw. bis ein Zahnstocher nach dem Einstechen in die Mitte der Muffins sauber wieder herauskommt.
7. Aus dem Ofen nehmen und einige Minuten in der Form abkühlen lassen. Muffins herausnehmen und auf ein Kuchengitter setzen.

HINWEIS: *Wie schon erwähnt sind diese Muffins nicht sehr süß. Wenn Sie sie etwas süßer mögen, kosten Sie den Teig nach dem Verrühren und fügen Sie noch 2 bis 4 weitere EL Kokosblütenzucker oder mehr Rosinen hinzu.*

PRO MUFFIN: 137 Kalorien, 4 g Protein, 28 g Kohlenhydrate, 11 g Zucker, 2 g Gesamtfettgehalt, 15 % Fettkalorien, 4 g Ballaststoffe, 205 mg Natrium

HEIDELBEER-MAISMEHL-MUFFINS

ERGIBT 12 STÜCK

Diese luftig-lockeren und duftenden Muffins sind ein perfekter Start in den Tag, schmecken aber auch fantastisch als Snack oder zum Nachmittagstee mit Freunden.

ZUTATEN

230 g	Hafermehl
80 g	feines Maismehl (siehe Hinweis)
3,5 EL	Kokosblütenzucker
2 TL	Backpulver
½ TL	Natron
¼ TL	Meersalz
1 TL	Zitronenabrieb
120 ml	+ 2-3 EL Pflanzenjoghurt, pur
75 ml	Ahornsirup
120 ml	fettarme Pflanzenmilch, pur
1 TL	Zitronensaft oder Apfelessig
160 g	Heidelbeeren, frisch oder gefroren
1 EL	Hafermehl

ZUBEREITUNG

1. Ofen auf 180 °C vorheizen.
2. 12 Muffinpapierförmchen in die Mulden einer Muffinform geben.
3. Hafermehl, Maismehl, Zucker, Backpulver, Natron, Salz und Zitronenabrieb in einer großen Schüssel gut verrühren.
4. In einer mittelgroßen Schüssel Joghurt, Sirup, Milch und Zitronensaft oder Apfelessig verquirlen.
5. Feuchte Zutaten mit den trockenen verrühren.
6. Beeren kurz mit 1 EL Hafermehl vermischen und unter den Teig heben. Den Teig auf die Muffinförmchen verteilen. 25 Minuten im Ofen backen.
7. Aus dem Ofen nehmen und einige Minuten in der Form abkühlen lassen. Muffins herausnehmen und auf ein Kuchengitter setzen.

HINWEIS: *Maismehl ist feiner gemahlen als Polenta.*

Siehe Foto Seite 39 und Seite 40.

PRO MUFFIN: 152 Kalorien, 4 g Protein, 31 g Kohlenhydrate, 11 g Zucker, 2 g Gesamtfettgehalt, 11 % Fettkalorien, 3 g Ballaststoffe, 191 mg Natrium

HAFERBREI-MUFFINS

ERGIBT 15 STÜCK

Diese gesunden Muffins sind eine Art praktischer Haferbrei »to go« und eine leckere sowie nahrhafte Möglichkeit, den Frühstückshunger zu stillen.

ZUTATEN

- 250 g Haferflocken
- 50 g Hafermehl
- 3 EL gemahlene Leinsamen
- 1 TL Zimt
- 1 Prise Meersalz
- 3 überreife Bananen, in Scheiben geschnitten
- 90 ml brauner Reissirup (siehe Hinweis)
- 70 g Rosinen
- 2 EL zuckerfreie vegane Schokotropfen (optional)

ZUBEREITUNG

1. 15 Muffinpapierförmchen in die Mulden einer Muffinform geben.
2. Ofen auf 180 °C vorheizen.
3. Haferflocken, Hafermehl, Leinsamen, Zimt und Salz in eine große Schüssel geben und miteinander vermischen.
4. Bananen mit einer Gabel zerdrücken oder im Mixer oder einer Küchenmaschine pürieren.
5. Bananenmus, Sirup, Rosinen und Schokotropfen (falls verwendet) unter die trockene Mischung rühren. Mit einem großen Löffel in jedes Förmchen eine rund 4 bis 5 EL große Menge geben und mit der Rückseite des Löffels oder den Fingern sanft nach unten drücken. (Die Finger dafür anfeuchten.)
6. 20 Minuten im Ofen backen. Aus dem Ofen nehmen und circa 5 Minuten in der Form abkühlen lassen. Muffins herausnehmen und auf ein Kuchengitter setzen.
7. Warm oder abgekühlt genießen.
8. Übrig gebliebene Muffins in einem luftdicht verschließbaren Behälter im Kühlschrank aufbewahren.

HINWEIS: *Den Reissirup nicht mit Ahornsirup ersetzen, da dieser nicht dick und klebrig genug ist. Als Alternativen zu Reissirup eignen sich Gerstenmalz- oder Kokosblütensirup.*

PRO MUFFIN: 133 Kalorien, 3 g Protein, 27 g Kohlenhydrate, 7 g Zucker, 2 g Gesamtfettgehalt, 13 % Fettkalorien, 3 g Ballaststoffe, 37 mg Natrium

POLENTA-PORRIDGE MIT BEERENWIRBEL

ERGIBT 4 PORTIONEN

Das Highlight dieses cremigen Porridge ist sein fruchtiger und farbenfroher Himbeerwirbel.

ZUTATEN

135 g	Himbeeren, gefroren
75 ml	+ 1 EL Ahornsirup
480 ml	fettarme Pflanzenmilch, pur oder mit Vanillegeschmack
240 ml	Wasser
¼ TL	Muskat
+	ein paar Prisen Meersalz
170 g	Polenta
130 g	frische Beeren zum Garnieren oder 1,5 Bananen, in Scheiben geschnitten (optional)
+	etwas Kokosblütenzucker zum Garnieren (optional)

ZUBEREITUNG

1. Gefrorene Himbeeren und 60 ml Sirup in einem Mixer pürieren.
2. Milch, Wasser, Muskat und Salz in einem Stieltopf auf mittlerer Flamme zum Kochen bringen. Flamme herunterstellen und langsam die Polenta mit einem Schneebesen einrühren. 5 Minuten unter Rühren köcheln, bis die Polenta zu blubbern beginnt und eindickt. Restlichen 1 EL Sirup unterrühren und vom Herd nehmen.
3. Porridge in Schüsseln geben, Himbeersoße darüber gießen und mit einem Buttermesser oder einem Löffel einen Himbeerwirbel ziehen.
4. Mit Beeren oder Bananenscheiben (falls verwendet) und ein bisschen Kokosblütenzucker (falls verwendet) garnieren und servieren.

HINWEIS: *Wenn die Polenta nach dem Kochen noch einige Zeit auf dem Herd steht, dickt sie weiter ein. Zum Verdünnen auf niedriger Flamme etwas zusätzliche Pflanzenmilch einrühren.*

PRO PORTION: 300 Kalorien, 6 g Protein, 65 g Kohlenhydrate, 23 g Zucker, 2 g Gesamtfettgehalt, 6 % Fettkalorien, 6 g Ballaststoffe, 207 mg Natrium

ZIMTSCHNECKEN-HAFERBREI

ERGIBT 3 PORTIONEN

Die Kombination aus Zimt, Datteln und Rosinen lässt diesen Haferbrei wie eine Zimtschnecke aus der Schüssel schmecken!

ZUTATEN

160 g	Haferflocken (siehe Hinweis)
3 EL	gehackte Datteln
1 TL	Zimt
1	Prise Meersalz (optional)
480 ml	Wasser
3 EL	Rosinen
180 ml	+ 1-2 EL fettarme Pflanzenmilch
1	Prise Zimt
3 TL	Kokosblütenzucker (optional)

ZUBEREITUNG

1. Haferflocken, Datteln, Zimt, Salz und Wasser in einem Topf auf hoher Flamme zum Kochen bringen. Flamme niedrig stellen. Mischung 7 bis 8 Minuten köcheln lassen, bis das Wasser absorbiert ist und die Haferflocken weich sind.
2. Rosinen und 180 ml Milch einrühren. Weitere 6 bis 7 Minuten köcheln lassen, bzw. bis die Rosinen weich sind. Vom Herd nehmen und einige Minuten ziehen lassen. Der Haferbrei dickt beim Abkühlen weiter ein, daher bei Bedarf 1 bis 2 EL der restlichen Milch zum Verdünnen einrühren.
3. In 3 Schüsseln anrichten, mit Zimt und je 1 EL Kokosblütenzucker (falls verwendet) bestreuen und servieren.

HINWEIS: *Je nach Art der Haferflocken, die Sie verwenden, kann die Kochzeit länger oder kürzer ausfallen. Kernige Haferflocken benötigen eine längere Kochzeit und auch etwas mehr Milch.*

PRO PORTION: 251 Kalorien, 7 g Protein, 51 g Kohlenhydrate, 18 g Zucker, 3 g Gesamtfettgehalt, 11 % Fettkalorien, 7 g Ballaststoffe, 34 mg Natrium

ZAUBERHAFTE SMOOTHIE-BOWL

ERGIBT 3 PORTIONEN

Starten Sie Ihren Tag mit dieser verführerischen, dunkelvioletten und nährreichen Smoothie-Bowl!

ZUTATEN

- 190 g gefrorene Heidelbeeren
- 130 g gefrorene Himbeeren
- 150 g überreife Bananen, gefroren oder in Raumtemperatur, in Scheiben geschnitten
- 2 große Handvoll Babyspinat
- 1 EL Orangensaft
- 2-3 EL Proteinpulver mit Vanillegeschmack (optional)
- 240 ml + 2-3 EL Wasser oder Pflanzenmilch (für eine cremige Konsistenz)
- ½ Banane, in Scheiben geschnitten
- ½ Handvoll Obst der Saison, z. B. Kiwi- oder Erdbeerscheiben, Birnenwürfel oder Clementinenspalten

ZUBEREITUNG

1. Heidelbeeren, Himbeeren, Bananen, Spinat, Orangensaft, Proteinpulver (falls verwendet) und 240 ml Wasser oder Pflanzenmilch in einen Mixer geben und glatt pürieren. Bei Bedarf zum Verdünnen nach und nach je 1 EL des restlichen Wassers oder der Pflanzenmilch hinzufügen. Nur so viel zugeben, dass sich die Mischung gut pürieren lässt, damit sie schön dick und sämig bleibt.
2. Auf 3 Schüsseln aufteilen, mit vorbereitetem Obst garnieren und servieren.

PRO PORTION: 275 Kalorien, 5 g Protein, 67 g Kohlenhydrate, 37 g Zucker, 2 g Gesamtfettgehalt, 7 % Fettkalorien, 15 g Ballaststoffe, 25 mg Natrium

BEEREN-»SCUFFINS«

ERGIBT 9 STÜCK

Was kommt heraus, wenn man einen Scone mit einem Muffin kreuzt? Ein Scuffin natürlich! Diese Leckerbissen sind ganz leicht gemacht und eine grandiose Idee für die Beerensaison!

ZUTATEN

- 170 g Hafermehl
- 60 g Haferflocken
- 1 TL Backpulver
- ½ TL Natron
- ¼ TL Meersalz
- 1 TL Zitronenabrieb
- 120 g Pflanzenjoghurt, pur (siehe Joghurt-Hinweis)
- 150 ml Ahornsirup
- 3-5 EL fettarme Pflanzenmilch (siehe Milch-Hinweis)
- 63 g Heidelbeeren, Erdbeeren (klein geschnitten) oder Himbeeren (siehe Beeren-Hinweis)

ZUBEREITUNG

1. Ofen auf 180 °C vorheizen. Ein großes Backblech mit Backpapier auslegen.
2. Mehl, Haferflocken, Backpulver, Natron, Salz und Zitronenabrieb in einer großen Schüssel vermischen.
3. In einer kleinen Schüssel Joghurt, Sirup und Milch gut verquirlen.
4. Die feuchten Zutaten zu den trockenen geben und alles gut miteinander verrühren. Vorsichtig die Beeren unterheben, damit sie nicht zu stark zerquetscht werden oder zu viel Saft verlieren.
5. Mit einem großen Löffel neun je 3 bis 4 EL große Portionen auf das Backblech geben. Zwischen den Scuffins 3 bis 5 cm Platz lassen. 15 bis 16 Minuten im Ofen backen, bis die Scuffins fest sind, bzw. weich in der Mitte, aber außen beim Berühren fest. Aus dem Ofen nehmen und 1 bis 2 Minuten auf dem Blech abkühlen lassen.
6. Scuffins auf ein Kuchengitter legen und vollständig abkühlen lassen.

JOGHURT-HINWEIS: *Wenn Sie nur Pflanzenjoghurt mit Vanillegeschmack zur Hand haben, können Sie auch diesen verwenden. Geben Sie dann weniger Ahornsirup zum Teig, damit die Scuffins nicht zu süß werden. Verwenden Sie nur 80 ml Ahornsirup und ersetzen Sie den Rest der Flüssigkeit mit 1 bis 2 EL Pflanzenmilch.*

MILCH-HINWEIS: *Die Milchmenge hängt von der Konsistenz des Joghurts ab. Einige Sorten sind sehr cremig und dick, also benötigen Sie wahrscheinlich 5 EL Milch. Andere pflanzenbasierte Joghurtsorten sind dünnflüssiger und Sie brauchen möglicherweise nur 3 EL Milch. Fangen Sie beim Zugeben der feuchten Zutaten mit 3 EL Pflanzenmilch an. Wenn der Teig zu dick ist, rühren Sie später noch 1 bis 2 EL Milch unter.*

BEEREN-HINWEIS: *Wenn Sie gefrorene Beeren verwenden, kann sich die Backzeit etwas verlängern. Testen Sie die Scuffins und lassen Sie sie ggf. noch 1 oder 2 weitere Minuten länger backen. Wenn Sie Himbeeren benutzen, verfärbt sich der Teig stärker, aber die Scuffins schmecken großartig!*

PRO SCUFFIN: 163 Kalorien, 4 g Protein, 33 g Kohlenhydrate, 13 g Zucker, 2 g Gesamtfettgehalt, 11 % Fettkalorien, 3 g Ballaststoffe, 197 mg Natrium

GRÜNE NICE-CREAM-FRÜHSTÜCKSBOWL

ERGIBT 3 PORTIONEN

Haben Sie auch manchmal Lust auf Eiscreme zum Frühstück? Dieses Eis können Sie dank der darin versteckten vollwertigen Früchte und dem Spinat zu jeder Tageszeit genießen.

ZUTATEN

- 350 g überreife Bananen, gefroren und in Scheiben geschnitten
- 140 g Ananaswürfel, gefroren
- 2 große Handvoll Babyspinat
- 1 reife Avocado, herausgelöstes Fruchtfleisch
- 1 Prise Meersalz
- 3-5 EL fettarme Pflanzenmilch
- 1-2 EL Kokosblütensirup (optional)
- ½ frische Banane, in Scheiben geschnitten
- ½ Handvoll frische Beeren

ZUBEREITUNG

1. Gefrorene Bananen, Ananaswürfel, Spinat, Avocado, Salz und 3 EL der Milch in einen Mixer geben und glatt pürieren. Wenn sich die Mischung nur schwer pürieren lässt, die 2 restlichen EL Pflanzenmilch hinzufügen. Abschmecken und bei Bedarf mit Sirup süßen.
2. Mischung auf 3 Schüsseln aufteilen, mit Bananenscheiben und frischen Beeren garnieren und servieren.

PRO PORTION: 337 Kalorien, 5 g Protein, 70 g Kohlenhydrate, 37 g Zucker, 8 g Gesamtfettgehalt, 20 % Fettkalorien, 12 g Ballaststoffe, 126 mg Natrium

SCHNELLE QUESADILLAS

ERGIBT 2 PORTIONEN

Es mögen keine hundertprozentig traditionellen Quesadillas sein, doch dank ihrer schmackhaften und traditionell verwendeten Zutaten wie Bohnen, Avocados und Vollkornweizen-Tortillas sind sie eine schnelle und herzhafte Mahlzeit und schmecken mindestens genauso gut wie das mexikanische Original.

ZUTATEN

- 100 g gekochte weiße Bohnen
- 1 kleine Avocado, entsteint und gewürfelt
- 1 EL Zitronensaft
- ½ EL Misopaste
- ¼ TL geräuchertes Paprikapulver
- 1 Messerspitze Meersalz
- 2 Vollkornweizen-Tortillas
- ½ Paprika, in dünne Scheiben geschnitten, oder ½ Handvoll frischer gehackter Spinat (oder beides)
- 4 EL frisches Basilikum, gehackt (optional)

ZUBEREITUNG

1. Weiße Bohnen und Avocado in eine Schüssel geben und grob zerdrücken. Mit Zitronensaft, Misopaste, Paprikapulver und Meersalz vermischen.
2. Die Hälfte der Mischung auf eine Tortilla streichen. Mit Paprika und/oder Spinat und Basilikum (falls verwendet) belegen. Die zweite Hälfte der Mischung auf die zweite Tortilla streichen. Zweite Tortilla auf die erste legen und zusammendrücken.
3. Eine beschichtete Pfanne auf mittlerer Flamme erhitzen. Quesadilla 3 Minuten in der Pfanne backen, bis sie leicht gebräunt ist. Wenden und die zweite Seite 2 bis 3 Minuten backen, bis auch diese leicht gebräunt ist. Die Tortillas sollten knusprig und die Füllung warm, aber nicht unbedingt heiß sein.
4. Quesadilla zum Abkühlen kurz auf ein Kuchengitter legen (damit die Unterseite nicht weich wird). Auf einen Teller legen und vierteln.
5. Warm servieren.

PRO PORTION: 258 Kalorien, 10 g Protein, 41 g Kohlenhydrate, 2 g Zucker, 8 g Gesamtfettgehalt, 25 % Fettkalorien, 9 g Ballaststoffe, 751 mg Natrium

RÜHR-BLUMENKOHL

ERGIBT 3 PORTIONEN

Dieses herzhafte Frühstück schmeckt auch zum Mittag- oder Abendessen. Es ist köstlich, macht satt und lässt sich leicht zubereiten.

ZUTATEN

1	Packung (400 g) fester Tofu
450 g	Blumenkohlröschen, gedämpft und leicht zerdrückt (siehe Blumenkohl-Hinweis)
½ TL	Zwiebelpulver
½ TL	Knoblauchpulver
½ TL	Meersalz
¼ TL	Senf
½ TL	Schwarzsalz (Kala Namak) oder ein weiterer ¼ TL Meersalz (siehe Schwarzsalz-Hinweis)
½ EL	Tahini
2 ½–3 EL	Hefeflocken
2-3	große Handvoll gehackter Spinat oder Grünkohl

ZUBEREITUNG

1. Tofu mit den Fingern in eine große beschichtete Pfanne krümeln. Pfanne auf mittlerer Flamme erhitzen.
2. Blumenkohl, Zwiebel- und Knoblauchpulver, Meersalz, Senf und Schwarzsalz hinzufügen. 3 bis 4 Minuten braten.
3. Tahini und Hefeflocken zugeben und gut verrühren. Wenn die Mischung anhängt, 1 bis 2 EL Wasser einrühren.
4. Spinat oder Grünkohl in den letzten Garminuten zugeben. Umrühren und weiterbraten, bis das Blattgemüse zusammenfällt und eine leuchtend grüne Farbe hat.
5. Abschmecken, nach Belieben nachwürzen und servieren.

BLUMENKOHL-HINWEIS: *Der gedämpfte Blumenkohl bricht bei diesem Rezept leicht auseinander. Sie können ihn ein bis zwei Tage im Voraus dämpfen und dadurch die Zubereitungszeit verkürzen.*

SCHWARZSALZ-HINWEIS: *Schwarzsalz, auch Kala Namak genannt, hat keine schwarze, sondern eine leicht pinke Farbe. Es verleiht Gerichten wie diesem einen typischen Eiergeschmack. Wenn Sie es nicht zur Hand haben, können Sie es auch einfach weglassen und stattdessen mehr Meersalz verwenden (insgesamt ½ bis ¾ TL). Schwarzsalz schmeckt nicht nur salzig, sondern auch leicht schwefelig. Verwenden Sie beim Ersetzen daher nicht zu viel Meersalz.*

VARIATIONEN: *Als weitere Zutaten können Sie gern eine Handvoll gehackte Frühlingszwiebeln oder Schnittlauch, 1 bis 2 EL Olivenscheiben oder 4 EL gehackte sonnengetrocknete Tomaten hinzufügen.*

PRO PORTION: 196 Kalorien, 21 g Protein, 16 g Kohlenhydrate, 3 g Zucker, 9 g Gesamtfettgehalt, 37 % Fettkalorien, 10 g Ballaststoffe, 862 mg Natrium

GETRÄNKE

GRÜNER VANILLE-CHAI-LATTE

ERGIBT 1 GROSSE PORTION

Sparen Sie sich den überteuerten Matcha Latte aus dem Coffee Shop und zaubern Sie sich lieber diesen wunderbaren Tee in ein paar Minuten zu Hause.

ZUTATEN

- 300 ml fettarme Pflanzenmilch, pur oder mit Vanillegeschmack
- 2 TL Matcha-Pulver + extra zum Garnieren
- 3-4 EL Wasser
- ¼ TL Stevia oder ½ EL Kokosblütensirup
- 1 Messerspitze Vanillepulver (siehe Hinweis)
- 1 TL Kokosblütenzucker (optional)

ZUBEREITUNG

1. Milch in einem kleinen Stieltopf auf mittlerer Flamme erhitzen. Dabei mit einem Schneebesen umrühren, bis die Milch zu köcheln beginnt.
2. In einer kleinen Schüssel 2 TL Matcha-Pulver und Wasser mit einem kleinen Schnee- oder Matcha-Besen verquirlen. (Das Matcha-Pulver dafür am besten einsieben. Wenn Sie es nicht sieben, ist es auch nicht schlimm, solange Sie es so gut vermischen, dass keine Klümpchen zurückbleiben.) Matcha-Mischung in eine große Tasse geben.
3. Wenn die Pflanzenmilch leicht köchelt, ¼ TL Stevia oder ½ EL Kokosblütensirup und das Vanillepulver einrühren und vom Herd nehmen.
4. Die heiße Milch in die Tasse zum Matcha-Wasser geben. (Wenn Sie einen Milchschäumer haben, können Sie die Milch damit aufschäumen, bevor Sie sie in die Tasse gießen. Ein Matcha-Besen führt ebenfalls zu einem leicht schaumigen Ergebnis.)
5. Abschmecken und auf Wunsch mit etwas mehr Stevia oder Kokosblütensirup nachsüßen.
6. Mit Kokosblütenzucker (falls verwendet) bestreuen, etwas Matcha-Pulver darüber stäuben und servieren.

HINWEIS: *Das Vanillepulver müssen Sie nicht verwenden. Für dieses Rezept eignet sich auch das Mark einer ausgekratzten Vanilleschote, aber kein Vanilleextrakt. Wenn Sie weder Vanillepulver noch eine Vanilleschote zur Hand haben, lassen Sie die Vanille einfach weg.*

PRO PORTION: 117 Kalorien, 5 g Protein, 19 g Kohlenhydrate, 9 g Zucker, 2 g Gesamtfettgehalt, 14 % Fettkalorien, 1 g Ballaststoffe, 116 mg Natrium

KURKUMA-MILCH

ERGIBT 1 PORTION

Dank seiner immunstärkenden Gewürze ist diese warme Wohltat das perfekte Gegenmittel gegen kaltes, ungemütliches Winterwetter und Bakterien.

ZUTATEN

- 240 ml fettarme Pflanzenmilch
- ¼–½ TL Kurkumapulver (Menge nach Geschmack anpassen)
- ¼ TL Zimt
- ¼ TL Ingwerpulver
- \+ ein paar Prisen Kardamompulver (optional)
- 1-2 Prisen Stevia oder ½–1 EL Kokosblütensirup

ZUBEREITUNG

1. Milch, Kurkuma, Zimt, Ingwer- und Kardamompulver (falls verwendet) und 1 bis 2 Prisen Stevia oder ½ EL Kokosblütensirup in einen Stieltopf geben und auf mittlerer Flamme erhitzen. Mit einem Schneebesen umrühren, bis die Milch durchgewärmt ist. (Dies sollte nur einige Minuten dauern, also achten Sie darauf, dass die Milch nicht überkocht oder anbrennt.)
2. Die gut durchgewärmte Milch in eine große Tasse gießen und abschmecken. Auf Wunsch mit etwas Stevia oder einem weiteren ½ EL Kokosblütensirup nachsüßen.

Siehe Foto Seite 57.

PRO PORTION: 97 Kalorien, 4 g Protein, 17 g Kohlenhydrate, 7 g Zucker, 2 g Gesamtfettgehalt, 14 % Fettkalorien, 2 g Ballaststoffe, 91 mg Natrium

GROSSER GRÜNER SMOOTHIE

ERGIBT 2 PORTIONEN

Dieser nährstoffreiche Smoothie ist ein wahres Kraftpaket und ein ideales Frühstück, aber auch eine kleine Zwischenmahlzeit, die sich leicht mitnehmen lässt.

ZUTATEN

3	große Handvoll Babyspinat (siehe Spinat-Hinweis)
½	überreife Banane, frisch oder gefroren, in Scheiben geschnitten
½	Handvoll Gurke, gewürfelt oder in Scheiben geschnitten (siehe Gurken-Hinweis)
4 EL	frische Petersilie (optional)
1	Zitrone, geschält
1-2 EL	Hanfsamen (optional)
150–200 g	gefrorene Mangowürfel
180–250 ml	Wasser

ZUBEREITUNG

1. Spinat, Bananen, Gurke, Petersilie (falls verwendet), Zitrone, Hanfsamen (falls verwendet), 150 g Mangowürfel und 180 ml Wasser in einen Mixer geben und glatt pürieren.
2. Bei Bedarf zum Verdünnen die restlichen 70 ml Wasser und zum Nachsüßen die restlichen 50 g Mangowürfel hinzugeben und erneut glatt pürieren.

SPINAT-HINWEIS: *Wenn Sie bisher kaum grüne Smoothies getrunken haben, verwenden Sie ein mildes Blattgemüse wie Spinat oder Kopfsalat. Mit der Zeit können Sie auch intensiver schmeckendes Blattgemüse wie Grünkohl oder Kohlblätter ausprobieren und die Menge ganz nach Ihrem persönlichen Geschmack anpassen.*

GURKEN-HINWEIS: *Am besten decken Sie sich ausgiebig mit Bio-Gurken ein, wenn diese im Angebot sind. Schneiden Sie sie in dicke Scheiben und frieren Sie sie ein, um sie später in Ihren Smoothies zu verwenden.*

PRO PORTION: 106 Kalorien, 3 g Protein, 26 g Kohlenhydrate, 17 g Zucker, 1 g Gesamtfettgehalt, 6 % Fettkalorien, 4 g Ballaststoffe, 41 mg Natrium

CREMIGER ERDBEER-SMOOTHIE

ERGIBT 2 PORTIONEN (CIRCA 1 LITER)

Wenn Sie Lust auf etwas Süßes, Nahrhaftes und Leckeres haben, ist dieser Smoothie genau das Richtige!

ZUTATEN

- 375 g gefrorene Erdbeeren
- 480 ml fettarme Pflanzenmilch, pur (ggf. mehr zum Verdünnen)
- 1,5 überreife Bananen, gefroren und in Scheiben geschnitten
- ¼ TL Vanillepulver (optional)
- ½–1 EL Kokosblüten- oder Ahornsirup (optional)

ZUBEREITUNG

1. Erdbeeren, Milch, Bananen und Vanillepulver (falls verwendet) in einen Mixer geben und glatt pürieren.
2. Abschmecken, auf Wunsch nach Geschmack mit Kokosblüten- oder Ahornsirup süßen und servieren.

Siehe Foto Seite 57.

PRO PORTION: 252 Kalorien, 6 g Protein, 57 g Kohlenhydrate, 29 g Zucker, 2 g Gesamtfettgehalt, 7 % Fettkalorien, 9 g Ballaststoffe, 97 mg Natrium

EISCREME-SMOOTHIE

ERGIBT 2 GROSSE PORTIONEN (CIRCA 875 ML)

Diese cremige Verführung schmeckt wie ein köstliches Eis am Stiel mit Fruchtüberzug!

ZUTATEN

1	große Orange, geschält (oder 125 ml Orangensaft)
1	kleine oder ½ große Zitrone, geschält
1	kleine Karotte, in Scheiben geschnitten
250 ml	+ 1-2 EL fettarme Pflanzenmilch
60 g	gefrorene Ananas- oder Mangowürfel
1,5	überreife Bananen, gefroren und in Scheiben geschnitten (siehe Hinweis)
1-3 EL	Proteinpulver mit Vanillegeschmack (optional)
4	Eiswürfel (optional)

ZUBEREITUNG

1. Orange, Zitrone, Karotte, Milch, Ananas- oder Mangowürfel, Banane und 1 EL Proteinpulver (falls verwendet) in einen Mixer geben und glatt pürieren.
2. Abschmecken und auf Wunsch die restlichen 2 EL Proteinpulver sowie die restlichen 1 bis 2 EL Milch zum Verdünnen hinzufügen und erneut durchmixen.
3. Eiswürfel (falls verwendet) auf 2 Gläser aufteilen, Smoothie darüber gießen und servieren.

HINWEIS: *Sie können die Menge der verschiedenen Obstsorten auch anpassen, wenn Sie eine bestimmte Sorte mehr mögen und den Geschmack des Smoothies leicht verändern möchten. Verwenden Sie z. B. 150 g gefrorene Mangowürfel und 60 g Ananaswürfel oder 1 ganze gefrorene Banane und 130 g gefrorene Ananaswürfel. Das Obst sollte gefroren sein, damit der Smoothie schön dick und cremig wird.*

PRO PORTION: 193 Kalorien, 4 g Protein, 45 g Kohlenhydrate, 27 g Zucker, 1 g Gesamtfettgehalt, 6 % Fettkalorien, 7 g Ballaststoffe, 68 mg Natrium

ZUCKERFREIE LIMONADE

ERGIBT 3 PORTIONEN

Limonade ist ein herrlich erfrischendes Getränk! Diese selbst gemachte Version enthält keinen Krümel Zucker und ist im Handumdrehen fertig.

ZUTATEN

1	Liter Wasser
80 ml	frisch gepresster Zitronensaft (siehe Hinweis)
¾–1 TL	Stevia
1	Handvoll Eiswürfel
75 g	Himbeeren, frisch oder gefroren

ZUBEREITUNG

1. Wasser, Zitronensaft und ¾ TL Stevia in einen großen Krug oder eine Kanne geben und verrühren.
2. Abschmecken und auf Wunsch mit dem restlichen ¼ TL Stevia nachsüßen.
3. Eiswürfel und Himbeeren auf 3 Gläser aufteilen, Limonade darüber gießen und servieren.

HINWEIS: *Sie können den Zitronensaft auch mit derselben Menge Limettensaft ersetzen – voilà, eine Limettade!*

PRO PORTION: 18 Kalorien, 0 g Protein, 5 g Kohlenhydrate, 2 g Zucker, 0,2 g Gesamtfettgehalt, 9 % Fettkalorien, 2 g Ballaststoffe, 13 mg Natrium

OBSTSAFTSCHORLE

ERGIBT 1 PROTION

Eine spritzig-leichte selbst gemachte Erfrischung – perfekt für den Sommer und laue Partynächte!

ZUTATEN

- 250 ml Mineralwasser mit Kohlensäure
- 125 ml Cranberry-, Granatapfel- oder Kirschsaft (siehe Saft-Hinweis)
- \+ ein paar Prisen Stevia (siehe Stevia-Hinweis)
- ½ Handvoll Eiswürfel
- \+ Zitronen-, Limetten- oder Orangenspalten zum Garnieren

ZUBEREITUNG

1. Mineralwasser, Saft und Stevia in einem kleinen Krug vermischen.
2. Eiswürfel in ein Glas geben und Schorle darüber gießen.
3. Für ein kleines geschmackliches Extra mit Zitronen-, Limetten- oder Orangenspalten garniert servieren.

SAFT-HINWEIS: *Je nach verwendetem Saft sollten Sie die Stevia-Menge anpassen, mit der Sie Ihre Schorle süßen. Cranberry-Saft ist z. B. von Natur aus säuerlicher als Kirschsaft. Süßen Sie Ihre Schorle zunächst nur mit wenig Stevia und geben Sie bei Bedarf später mehr hinzu.*

STEVIA-HINWEIS: *Schon ein kleine Menge Stevia hat eine große Wirkung! Fangen Sie mit einer Prise an und süßen Sie mit einer oder zwei weiteren Prisen nach. Schmecken Sie die Schorle dazwischen immer ab. Zu viel Stevia lässt die Schorle leicht abgestanden schmecken.*

PRO PORTION: 37 Kalorien, 0 g Protein, 10 g Kohlenhydrate, 8 g Zucker, 0,2 g Gesamtfettgehalt, 4 % Fettkalorien, 1 g Ballaststoffe, 36 mg Natrium

GOJI-GÖTTINNEN-SMOOTHIE

ERGIBT 2 GROSSE PORTIONEN

Der Mandelextrakt in diesem Rezept ist optional, verleiht dem Smoothie aber einen köstlichen kirschähnlichen Geschmack. Verwenden Sie für dieses leckere und nahrhafte Getränk gefrorene oder frische Beeren.

ZUTATEN

- 500 ml fettarme Pflanzenmilch, pur oder mit Vanillegeschmack
- 1,5 überreife Bananen, gefroren und in Scheiben geschnitten
- 200 g gefrorene Himbeeren (siehe Hinweis)
- 4 EL Gojibeeren
- ⅛–¼ TL Mandelextrakt (optional, für einen kirschähnlichen Geschmack)
- 1 EL Kokosblüten- oder Ahornsirup (optional, zum Süßen)

ZUBEREITUNG

1. Milch, Bananen, Himbeeren, Gojibeeren und Mandelextrakt (falls verwendet) in einen Mixer geben und einige Minuten pürieren, damit sich die Gojibeeren ganz auflösen.
2. Abschmecken, bei Bedarf mit Sirup nachsüßen, umrühren und servieren.

HINWEIS: *Sie können statt Himbeeren auch Erdbeeren, Heidelbeeren oder andere Beeren verwenden.*

PRO PORTION: 275 Kalorien, 8 g Protein, 59 g Kohlenhydrate, 26 g Zucker, 3 g Gesamtfettgehalt, 10 % Fettkalorien, 16 g Ballaststoffe, 110 mg Natrium

AUFSTRICHE UND DIPS

EINFACHES HUMMUS

ERGIBT 8 PORTIONEN (1 LITER)

Das ist Ihr Hummus-Grundrezept! Verwenden Sie es als Basis für all Ihre kreativen Ideen – seien es Versionen mit verschiedenen Gewürzen, mit Knoblauch, Oliven oder was Ihnen sonst noch in den Sinn kommt. Eine besonders schmackhafte Gewürzzutat ist Sumach, das oft in traditionellen Hummusrezepten zum Einsatz kommt und dem Dip eine besondere, zitronenähnliche Note verleiht.

ZUTATEN

- 2 Dosen (je 400 g) Kichererbsen, abgegossen und gespült
- 1 Knoblauchzehe
- 4 EL frisch gepresster Zitronensaft
- ½ TL Meersalz
- 1 ½–2 EL Tahini (siehe Hinweis)
- 1 TL Sumach-Pulver
- ½ TL Kreuzkümmel, gemahlen
- \+ ein paar Eiswürfel oder ein paar EL kaltes Wasser

ZUBEREITUNG

1. Kichererbsen, Knoblauch, Zitronensaft, Salz, Tahini, Sumach und Kreuzkümmel in eine Küchenmaschine geben und pürieren. Je nach Bedarf Eiswürfel oder kaltes Wasser hinzufügen und erneut durchmixen, um die gewünschte Konsistenz zu erreichen. Das Hummus sollte sich leicht mixen lassen, aber trotzdem dick und sämig sein.
2. Abschmecken und auf Wunsch mit Salz oder Gewürzen nachwürzen.

HINWEIS: *Der Geschmack und die Qualität von Tahini hängen stark von der jeweiligen Marke ab. Die meisten Tahini-Marken haben eine gute Qualität, einige schmecken aber bitter und sind sehr klebrig. Wenn Sie die Möglichkeit haben, Ihr Tahini in einem Spezialitätengeschäft zu kaufen oder eine gute Marke online zu bestellen, tun Sie das. Sie können sich auch im Bioladen Ihres Vertrauens danach umschauen, auch wenn es dort etwas teurer sein könnte.*

PRO PORTION: 115 Kalorien, 5 g Protein, 17 g Kohlenhydrate, 3 g Zucker, 3 g Gesamtfettgehalt, 25 % Fettkalorien, 5 g Ballaststoffe, 367 mg Natrium

FRISCHE SALSA

ERGIBT 4 PORTIONEN

Keine Salsa aus dem Laden kann es mit dieser selbst gemachten aufnehmen! Sie ist schnell zubereitet und eignet sich für weitaus mehr als nur zum Dippen. Probieren Sie sie als Beilage zu gekochtem Getreide, mischen Sie sie unter Ihre Bohnengerichte, streichen Sie sie auf geröstetes Baguette, genießen Sie sie als eigenständige Mahlzeit oder verwenden Sie sie ganz traditionell als Soße für gebackene Tortillachips.

ZUTATEN

- 400 g gewürfelte Tomaten
- 4 EL Zwiebel, fein gehackt, oder 5 EL Frühlingszwiebel, gehackt
- 4 EL rote, gelbe oder orange Paprika, fein gehackt
- 1 kleine Jalapeño-Schote, entsamt und feingehackt (beim Verarbeiten Einweghandschuhe tragen)
- 1 große Knoblauchzehe, fein gehackt oder gerieben
- 1 EL Limettensaft
- ½ TL Meersalz
- ½ TL Kreuzkümmel (optional)
- 1 Messerspitze Piment
- \+ frisch gemahlener Pfeffer nach Geschmack
- 4 EL fein gehacktes Koriandergrün (optional)

ZUBEREITUNG

1. Tomaten, Zwiebel, Paprika, Jalapeño-Schote, Knoblauch, Limettensaft, Salz, Kreuzkümmel (falls verwendet), Piment, schwarzen Pfeffer und Koriandergrün (falls verwendet) in eine große Schüssel geben und vermischen. Abschmecken und bei Bedarf nachwürzen.
2. Servieren oder in einem luftdicht verschließbaren Behälter bis zum Gebrauch im Kühlschrank kalt stellen.
3. Die Salsa hält sich gekühlt 2 bis 3 Tage lang.

PRO PORTION: 27 Kalorien, 1 g Protein, 6 g Kohlenhydrate, 3 g Zucker, 0,3 g Gesamtfettgehalt, 8 % Fettkalorien, 2 g Ballaststoffe, 301 mg Natrium

SCHOKOLADEN-ORANGEN-DIP

ERGIBT 4 PORTIONEN

Dieser Dip ist perfekt, wenn Sie Lust auf Süßes haben, und außerdem so nahrhaft, dass Sie ihn zu jeder Tageszeit naschen können. Servieren Sie ihn mit Erdbeeren, Apfel- oder Birnenspalten oder verwenden Sie ihn als süßen Brotaufstrich.

ZUTATEN

- 150 g entsteinte Datteln (siehe Hinweis)
- 80 ml frisch gepresster Orangensaft
- 1 Dose (400 g) weiße Bohnen, abgegossen und gespült
- 2 EL Mandel- oder Cashewmus (oder 1 ½ EL weiches Kokosmus als nussfreie Variante)
- 1 TL Orangenabrieb
- ¼ TL Vanillepulver oder 1 TL Vanilleextrakt
- ¼ TL Meersalz
- 4 EL Kakaopulver
- 1-2 EL Kokosblüten- oder Ahornsirup (optional)
- 2 EL vegane Schokoraspel (optional)

ZUBEREITUNG

1. Datteln, Orangensaft, weiße Bohnen, Nussmus, Orangenabrieb, Vanillepulver oder -extrakt und Salz in eine Küchenmaschine geben und glatt pürieren.
2. Kakaopulver hinzufügen und erneut durchmixen. Abschmecken und auf Wunsch mit Sirup süßen.
3. Schokoraspel untermixen oder über den Dip streuen.
4. Servieren oder in einen luftdicht verschließbaren Behälter geben und bis zu 6 Tage im Kühlschrank aufbewahren.

HINWEIS: *Wenn Ihre Datteln sehr trocken oder hart sind, geben Sie sie in eine Schüssel, übergießen Sie sie mit kochendem Wasser und lassen Sie sie 15 Minuten weichen. Gießen Sie das Wasser ab, tupfen Sie die Datteln trocken und geben Sie sie mit den anderen Zutaten in die Küchenmaschine.*

PRO PORTION: 275 Kalorien, 11 g Protein, 53 g Kohlenhydrate, 26 g Zucker, 6 g Gesamtfettgehalt, 17 % Fettkalorien, 10 g Ballaststoffe, 279 mg Natrium

WARMER SÜSSKARTOFFELDIP MIT KÄSENOTE

ERGIBT 4 PORTIONEN

Dieser Dip ist leichter als viele andere milchfreie Süßkartoffeldips und hat einen unwiderstehlich käseähnlichen Geschmack. Verwenden Sie ihn als Aufstrich für Krustenbrot oder als Zutat unserer Zünftigen Lasagne (Seite 140).

ZUTATEN

675 g	gekochte gelbe oder orange Süßkartoffeln, geschält (siehe Süßkartoffel-Hinweis)
45 g	eingeweichte Cashewkerne oder 2 EL Tahini
1 EL	Apfelessig
½ EL	Misopaste
1	Knoblauchzehe
½ TL	Meersalz
¼ TL	getrockneter oder 1 TL frischer Rosmarin
60–120 ml	Wasser (siehe Wasser-Hinweis)

ZUBEREITUNG

1. Ofen auf 190 °C vorheizen.
2. Süßkartoffeln, Cashewkerne oder Tahini, Essig, Misopaste, Knoblauch, Salz, Rosmarin und Wasser in einen Mixer geben und glatt pürieren.
3. Mischung in eine kleine Backform geben. 25 bis 30 Minuten im Ofen backen, bis sich auf der Oberfläche kleine goldbraune Flecken bilden.

SÜSSKARTOFFEL-HINWEIS: *Süßkartoffeln lassen sich ohne großen Aufwand ganz backen. Waschen Sie die Süßkartoffeln kurz gründlich, legen Sie sie auf ein mit Backpapier ausgelegtes Backblech und backen Sie sie ungeschält 40 bis 60 Minuten bei 230 °C. Die Backzeit hängt von der Größe der Süßkartoffeln ab.*

WASSER-HINWEIS: *Orange Süßkartoffeln brauchen beim Pürieren etwas weniger Wasser. 60 bis 80 ml Wasser müssten ausreichen.*

PRO PORTION: 125 Kalorien, 4 g Protein, 18 g Kohlenhydrate, 5 g Zucker, 5 g Gesamtfettgehalt, 33 % Fettkalorien, 3 g Ballaststoffe, 399 mg Natrium

AVOCADO-HUMMUS

ERGIBT 8 PORTIONEN (CIRCA 1 LITER)

Die Avocados machen dieses Hummus besonders vollmundig, und die weißen Bohnen verleihen ihm eine extra cremige Konsistenz. Unbedingt ausprobieren!

ZUTATEN

- 2 Dosen (je 400 g) weiße Bohnen, abgegossen und gespült
- 60 ml Limettensaft
- 2-3 EL frische Petersilie
- ¾ TL Meersalz
- 1 große Knoblauchzehe
- ¼ TL Kreuzkümmel, gemahlen
- \+ frisch gemahlener schwarzer Pfeffer oder Zitronenpfeffer nach Geschmack
- 1,5-2 Avocados (je nach Größe), entsteint und gewürfelt

ZUBEREITUNG

1. Bohnen, Limettensaft, Petersilie, Salz, Knoblauch, Kreuzkümmel und Pfeffer in eine Küchenmaschine geben und glatt pürieren.
2. Avocado hinzufügen und erneut durchmixen.
3. Mit zusätzlichem Salz und Pfeffer nach Geschmack nachwürzen. Servieren.

PRO PORTION: 135 Kalorien, 8 g Protein, 21 g Kohlenhydrate, 1 g Zucker, 3 g Gesamtfettgehalt, 20 % Fettkalorien, 6 g Ballaststoffe, 336 mg Natrium

WÜRZIGES SÜSSKARTOFFEL-HUMMUS

ERGIBT 4 PORTIONEN

Die Süßkartoffel macht dieses kräftige, dank seiner Gewürze leicht erdige Hummus besonders cremig und rundet es mit einer angenehmen natürlichen Süße ab.

ZUTATEN

- 1 Dose (400 g) Kidneybohnen, abgegossen und gespült
- 1 Dose (400 g) Kichererbsen, abgegossen und gespült
- 450 g Süßkartoffeln, gekocht und geschält (siehe Süßkartoffel-Hinweis)
- 2 EL Tahini
- 1 TL Meersalz
- ¼ TL Zimt
- 1 mittelgroße oder große Knoblauchzehe, geviertelt oder in Scheiben geschnitten
- 4-4 ½ EL frisch gepresster Limettensaft
- ½–1 TL Chilipulver (nach Geschmack anpassen; siehe Würz-Hinweis)
- 1-3 EL Wasser
- \+ frisches Koriandergrün oder Petersilie (optional)

ZUBEREITUNG

1. Kidneybohnen, Kichererbsen, Süßkartoffeln, Tahini, Salz, Zimt, Knoblauch, Limettensaft, ½ TL Chilipulver und 1 EL Wasser in eine Küchenmaschine geben und glatt pürieren. Bei Bedarf zum Verdünnen nach und nach die 2 restlichen EL Wasser untermixen. Zwischendurch ggf. pausieren und die Aufsatzinnenwand nach unten frei schaben.
2. Frisches Koriandergrün oder Petersilie (falls verwendet) zugeben und erneut durchmixen.
3. Auf Wunsch mit zusätzlichem Salz und dem restlichen ½ TL Chilipulver nachwürzen.

SÜSSKARTOFFEL-HINWEIS: *Backen Sie bei einem Durchgang gleich mehr Süßkartoffeln, als Sie brauchen, und bewahren Sie sie für weitere Gerichte wie z. B. Salate, Suppen, Pastasoßen etc. 4 bis 5 Tage im Kühlschrank auf. Waschen Sie die Süßkartoffeln kurz gründlich, legen Sie sie auf ein mit Backpapier ausgelegtes Backblech und backen Sie sie ganz und ungeschält 40 bis 60 Minuten bei 230 °C. Die Backzeit hängt von der Größe der Süßkartoffeln ab.*

WÜRZ-HINWEIS: *Verwenden Sie ein hochwertiges Chilipulver, das nicht zu scharf ist. Wenn Sie sich nicht sicher sind, wie intensiv es ist, beginnen Sie mit einer kleineren Menge, schmecken Sie das Hummus ab und würzen Sie es auf Wunsch nach. Sie können statt Chilipulver auch scharfe Chipotle-Soße nach eigenem Geschmack verwenden.*

PRO PORTION: 275 Kalorien, 13 g Protein, 43 g Kohlenhydrate, 9 g Zucker, 7 g Gesamtfettgehalt, 21 % Fettkalorien, 11 g Ballaststoffe, 914 mg Natrium

CREMIGER DIP AUS GERÖSTETER ROTER PAPRIKA

ERGIBT 7 PORTIONEN (CIRCA 430 ML)

Dieser Paprika-Dip ist schön cremig und hat neben dem Paprika-Aroma noch einige weitere köstliche Geschmacksnoten. Das Basilikum ist optional, macht den Dip aber besonders spannend. Er schmeckt nicht nur wunderbar auf Pitabrot oder Tortillachips, sondern auch köstlich als Sandwichaufstrich, Wrap-Zutat oder mit Pasta vermischt.

ZUTATEN

- 2 große rote Paprika (siehe Hinweis zu gerösteten Paprika)
- 1 Prise + ½ TL Meersalz
- 1 kleine vorgekochte weiße Kartoffel, geschält und gewürfelt oder grob gehackt
- 1 EL Rotweinessig
- 1 EL Tahini
- 1 EL Hefeflocken
- ½ EL Kichererbsenmiso (oder eine andere milde Misopaste)
- 1 kleine Knoblauchzehe (oder auf Wunsch mehr)
- 1-2 EL Wasser (optional)
- ¼–½ TL Ahornsirup (optional; siehe Ahornsirup-Hinweis)
- 4 EL frische Basilikumblätter (optional)

ZUBEREITUNG

1. Den Ofengrill vorheizen und ein Backblech mit Backpapier auslegen.
2. Paprika halbieren, Stiel und Samen entfernen und jeweils in 3 bis 4 große Stücke schneiden.
3. Mit der Schnittseite nach unten auf das Backblech legen und mit einer Prise Salz bestreuen. 12 bis 15 Minuten im Ofen grillen, bzw. bis die Paprikahaut angeschmort ist und Blasen wirft.
4. Aus dem Ofen nehmen und in eine tiefe Glasschüssel geben. (Der Rand sollte die Paprikastücke überragen.) Die Schüssel mit Plastikfolie abdecken und 20 bis 30 Minuten stehen lassen.
5. Haut von den Paprikastücken abziehen (sie sollte sich jetzt leicht entfernen lassen) und wegwerfen.
6. Paprika, Kartoffel, Essig, Tahini, Hefeflocken, Misopaste, Knoblauch und den restlichen ½ TL Salz in einen Mixer geben und glatt pürieren. Je nach Flüssigkeitsgehalt der Paprikastücke und der Leistungsstärke des Mixers ggf. mit Wasser verdünnen. Jeweils nur 1 EL zugeben, pürieren und die Konsistenz prüfen.
7. Abschmecken und auf Wunsch Sirup hinzufügen.
8. Basilikumblätter zugeben (falls verwendet) und erneut durchmixen. Nach Geschmack würzen.
9. In Raumtemperatur servieren oder in eine ofenfeste Form geben und im Backofen erhitzen, bis der Dip gut durchgewärmt ist.

HINWEIS ZU GERÖSTETEN PAPRIKA: *Wenn Sie geröstete Paprika aus dem Glas oder der Dose verwenden möchten, tun Sie das gern. Gießen Sie die Stücke gut ab, lassen Sie sie abtropfen und verwenden Sie 200 bis 250 g.*

AHORNSIRUP-HINWEIS: *Je nach Saison, Ursprungsort und Qualität können die Paprika unterschiedlich süß sein. Runden Sie den Dip daher bei Bedarf mit Ahornsirup ab.*

VORSCHLAG: *Probieren Sie den Dip auch einmal als Pastasoße!*

Siehe Foto Seite 70.

PRO PORTION: 42 Kalorien, 2 g Protein, 6 g Kohlenhydrate, 2 g Zucker, 1 g Gesamtfettgehalt, 28 % Fettkalorien, 1 g Ballaststoffe, 259 mg Natrium

GRÜN-VOR-NEID-GUACAMOLE

ERGIBT 4 PORTIONEN

Peppen Sie traditionelle Guacamole mit der grünen Power von Babyspinat und grünen Kichererbsen auf!

ZUTATEN

- 2,5 Avocados, entsteint und grob gewürfelt
- 1 Handvoll Babyspinat
- 80 g grüne Kichererbsen (gefroren), Edamame (gefroren) oder weiße Bohnen (siehe Hinweis)
- ¾ TL Meersalz
- 3 EL Limetten- oder Zitronensaft
- 60–80 ml Wasser
- ½ TL Kokosblüten- oder Ahornsirup (optional)

ZUBEREITUNG

1. Avocado, Spinat, Kichererbsen, Salz, Limetten- oder Zitronensaft und 60 ml Wasser in eine Küchenmaschine oder einen Hochleistungsmixer geben und glatt pürieren. Bei Bedarf restliches Wasser zum Verdünnen oder leichteren Pürieren hinzufügen.
2. Abschmecken und auf Wunsch Sirup unterrühren, um den Geschmack abzurunden.

HINWEIS: *Wenn Sie einen Hochleistungsmixer verwenden, können Sie die Kichererbsen oder Edamame einfach gefroren hineingeben. Bei einem Standardmixer müssen Sie sie vor dem Pürieren erst auftauen lassen.*

Siehe Foto Seite 70.

PRO PORTION: 132 Kalorien, 3 g Protein, 12 g Kohlenhydrate, 2 g Zucker, 9 g Gesamtfettgehalt, 59 % Fettkalorien, 6 g Ballaststoffe, 453 mg Natrium

HUMMUS AUS GRÜNEN KICHERERBSEN

ERGIBT 6 PORTIONEN (CIRCA 875 ML)

»Grüner« zu essen ist mit dieser erfrischend abwechslungsreichen Hummusvariante kinderleicht! Die rohen Kichererbsen ersetzen in diesem leicht säuerlichen und aromatischen Dip ihre gekochten Pendants.

ZUTATEN

400 g	gefrorene grüne Kichererbsen (siehe Kichererbsen-Hinweis)
1	Dose (400 g) weiße Bohnen, abgegossen und gespült
60 ml	Zitronensaft
1	große Knoblauchzehe (oder auf Wunsch mehr)
5 EL	frische Basilikumblätter
5 EL	frische Petersilienblätter
1 EL	Tahini
+	TL Meersalz
½ TL	Kreuzkümmel, gemahlen
1-2 EL	Wasser (optional)
½ TL	Zitronenabrieb (optional)

ZUBEREITUNG

1. Kichererbsen in einen Topf mit kochendem Wasser geben und 1 Minute kochen, bis sie leuchtend grün sind. In ein Sieb geben und mit kaltem Wasser abschrecken, damit sie nicht weiter garen.
2. Abtropfen lassen und zusammen mit den Bohnen, Zitronensaft, Knoblauch, Basilikum, Petersilie, Tahini, Salz und Kreuzkümmel in eine Küchenmaschine geben (siehe Küchenmaschinen-Hinweis). Glatt pürieren und ggf. pausieren und die Aufsatzinnenwand nach unten frei schaben. Bei Bedarf Wasser zum Verdünnen oder leichteren Pürieren hinzufügen.
3. Zitronenabrieb (falls verwendet) untermixen.
4. Nach Geschmack würzen und servieren.

KICHERERBSEN-HINWEIS: *Wenn Sie keine grünen Kichererbsen finden können, verwenden Sie eine Mischung aus grünen Erbsen und Edamame (vorzugsweise halb und halb).*

KÜCHENMASCHINEN-HINWEIS: *Mit einem Hochleistungsmixer wird das Hummus cremiger, mit einer Küchenmaschine etwas gröber.*

PRO PORTION: 176 Kalorien, 10 g Protein, 29 g Kohlenhydrate, 3 g Zucker, 3 g Gesamtfettgehalt, 14 % Fettkalorien, 8 g Ballaststoffe, 477 mg Natrium

BABA GHANOUSH AUS LINSEN

ERGIBT 4 PORTIONEN (CIRCA 500 ML)

Diese Baba-Ghanoush-Version ist experimentierfreudiger als das traditionelle Rezept, das auf Auberginen basiert. Der Geschmack ist zwar sehr ähnlich, aber durch die braunen Linsen herzhafter.

ZUTATEN

- 400 g gekochte braune Linsen
- 1 ½ EL frischer Oregano, gehackt
- 1 große Knoblauchzehe
- ½ TL Meersalz
- ¼ TL geräuchertes Paprikapulver
- ½ TL Zitronenabrieb
- 2 EL Tahini
- 3 ½–4 EL Zitronensaft
- 1-4 EL Wasser (bei Bedarf zum Verdünnen, siehe Hinweis)
- 1 Spritzer Tamari-Soße (optional)

ZUBEREITUNG

1. Linsen, Oregano, Knoblauch, Salz, Paprikapulver, Zitronenabrieb, Tahini und 3 ½ EL Zitronensaft in eine Küchenmaschine geben. Glatt pürieren und bei Bedarf mit Wasser (je nach und nach 1 EL) verdünnen.
2. Abschmecken und auf Wunsch den restlichen ½ EL Zitronensaft untermixen.
3. Mit etwas Tamari beträufeln (falls verwendet) und servieren.

HINWEIS: *Je nach Feuchtigkeitsgehalt der Linsen brauchen Sie das zusätzliche Wasser eventuell nicht. Wenn die Mischung nach dem Pürieren zu trocken ist, mixen Sie das Wasser zum Verdünnen unter.*

PRO PORTION: 165 Kalorien, 10 g Protein, 23 g Kohlenhydrate, 1 g Zucker, 5 g Gesamtfettgehalt, 23 % Fettkalorien, 7 g Ballaststoffe, 307 mg Natrium

ASIAN-FUSION-HUMMUS

ERGIBT 8 PORTIONEN (CIRCA 1 LITER)

Dieses Hummus hat durch den Orangen- und Limettensaft und die feine Ingwernote einen leicht exotischen Geschmack. Einfach köstlich!

ZUTATEN

- 800 g gekochte Kichererbsen (Dosen-Kichererbsen abgießen und spülen)
- 2 EL Orangensaft
- 3 EL Erdnussbutter oder Tahini
- 1 Knoblauchzehe, in Scheiben geschnitten
- 1 EL frischer Ingwer, gerieben
- 1 entsteinte Dattel
- 3 EL Tamari-Soße
- 60–80 ml frisch gepresster Limettensaft
- 2-4 EL Wasser
- + Meersalz zum Abschmecken, nach Geschmack
- 1 Messerspitze Chiliflocken (optional)

ZUBEREITUNG

1. Kichererbsen, Orangensaft, Erdnussbutter oder Tahini, Knoblauch, Ingwer, Dattel, Tamari-Soße, 60 ml Limettensaft und 2 EL Wasser in eine Küchenmaschine geben und glatt pürieren. Abschmecken und für eine säuerlichere Note den restlichen Limettensaft unterrühren.
2. Für eine cremigere Konsistenz bei Bedarf 2 EL Wasser untermixen.
3. Mit Salz und Chiliflocken (falls verwendet) würzen.

PRO PORTION: 182 Kalorien, 9 g Protein, 26 g Kohlenhydrate, 6 g Zucker, 5 g Gesamtfettgehalt, 24 % Fettkalorien, 7 g Ballaststoffe, 555 mg Natrium

RAUCHIGER ROTER DIP

ERGIBT 7 PORTIONEN (CIRCA 850 ML)

Dieser eher pinkfarbene als rote Dip kombiniert geröstete rote Paprika mit roten Linsen und einem wunderbaren Raucharoma. Einfach himmlisch!

ZUTATEN

- 600 g gekochte rote Linsen (siehe Linsen-Hinweis)
- 150 g geröstete rote Paprika (siehe Rote-Paprika-Hinweis)
- 1 ½–2 EL Tahini
- 1 ½ EL Rotweinessig
- 1 EL Hefeflocken
- ¾ TL Meersalz
- ½ TL geräuchertes Paprikapulver oder ¼ TL Chipotle-Pulver (oder beides)
- ½–1 EL Kichererbsenmiso oder andere milde Misopaste (siehe Miso-Hinweis)
- 1-2 Knoblauchzehen

ZUBEREITUNG

1. Linsen, Paprika, Tahini, Essig, Hefeflocken, Salz, Paprika- oder Chipotle-Pulver, ½ EL Kichererbsenmiso und 1 Knoblauchzehe in eine Küchenmaschine geben und glatt pürieren.
2. Abschmecken und auf Wunsch ½ EL mehr Miso sowie eine weitere Knoblauchzehe untermixen.
3. Servieren oder bis zum Gebrauch im Kühlschrank kalt stellen. Der Dip dickt beim Abkühlen ein.

LINSEN-HINWEIS: *Wenn Sie getrocknete Linsen verwenden, benötigen Sie 200 g, die Sie vorher kochen müssen.*

ROTE-PAPRIKA-HINWEIS: *Wenn Sie die Paprika selbst rösten, nehmen Sie dafür 2 ganze rote Paprika. (Siehe auch* Cremiger Dip aus gerösteter roter Paprika *auf Seite 72.)*

MISO-HINWEIS: *Kichererbsenmiso hat einen wunderbaren milden Geschmack. Sollten Sie es nicht finden, können Sie auch eine andere milde Misopaste verwenden, z. B. Miso aus braunem Reis.*

PRO PORTION: 132 Kalorien, 9 g Protein, 20 g Kohlenhydrate, 1 g Zucker, 2 g Gesamtfettgehalt, 14 % Fettkalorien, 6 g Ballaststoffe, 303 mg Natrium

AUFGEPEPPTE SALSA

ERGIBT 5 PORTIONEN (CIRCA 600 ML)

Frische Salsa schmeckt natürlich am besten, aber mit ein paar Zutaten aus Ihrer Küche können Sie auch gekaufte Salsa zu einem ganz besonderen Geschmackserlebnis werden lassen.

ZUTATEN

- 250 ml gekaufte Salsa (frisch oder aus dem Glas)
- 1 reife Avocado, entsteint und fein gewürfelt
- ½ rote Paprika, fein gewürfelt
- 80 g Maiskörner, gefroren und in einer Schüssel mit heißem Wasser aufgetaut
- ½ EL Limettensaft
- \+ ein paar EL frisches Koriandergrün oder Petersilie, gehackt (optional)
- \+ Meersalz
- \+ frisch gemahlener schwarzer Pfeffer nach Geschmack (optional)

ZUBEREITUNG

1. Salsa, Avocado- und Paprikawürfel, Maiskörner, Limettensaft und Koriandergrün oder Petersilie (falls verwendet) in eine große Schüssel geben und gut vermischen.
2. Mit Salz und Pfeffer (falls verwendet) würzen.

PRO PORTION: 78 Kalorien, 2 g Protein, 10 g Kohlenhydrate, 3 g Zucker, 4 g Gesamtfettgehalt, 48 % Fettkalorien, 3 g Ballaststoffe, 368 mg Natrium

UNWIDERSTEHLICHER WEISSE-BOHNEN-DIP

ERGIBT 4 PORTIONEN (CIRCA 500 ML)

Diesen Dip haben Sie schon in wenigen Minuten gezaubert. Die Kombination aus Misopaste, Schwarzsalz und Hefeflocken macht ihn einfach unwiderstehlich!

ZUTATEN

- 1 Dose (400 g) weiße Bohnen, abgegossen und gespült
- + EL Zitronensaft
- 2 TL Misopaste
- ½ TL Meersalz
- ¼ TL Schwarzsalz (Kala Namak)
- 1 EL Tahini
- 1 EL Hefeflocken
- 1 Knoblauchzehe (oder nach Geschmack)
- ¼–½ TL Ahornsirup (optional)
- 1-1½ EL Wasser

ZUBEREITUNG

1. Bohnen, Zitronensaft, Misopaste, Meersalz, Schwarzsalz, Tahini, Hefeflocken, Knoblauch, Ahornsirup (falls verwendet) und 1 EL Wasser in eine kleine Küchenmaschine oder einen Hochleistungsmixer geben und pürieren. Bei Bedarf den restlichen ½ EL Wasser untermixen. (Nicht zu viel Wasser hinzufügen, damit der Dip schön dick bleibt.)
2. Abschmecken und auf Wunsch mit zusätzlichem Zitronensaft, Salz oder Knoblauch nachwürzen und erneut durchmixen.

PRO PORTION: 139 Kalorien, 9 g Protein, 21 g Kohlenhydrate, 1 g Zucker, 3 g Gesamtfettgehalt, 16 % Fettkalorien, 6 g Ballaststoffe, 638 mg Natrium

SOSSEN, DRESSINGS, SALATE UND SANDWICHES

UNKOMPLIZIERTE BRATENSOSSE

ERGIBT ETWA 5 PORTIONEN (CIRCA 430 ML)

Diese Soße ist ein Kinderspiel! Rühren, köcheln lassen und fertig!

ZUTATEN

- 3 EL Hirsemehl (siehe Hinweis)
- ½ EL Rotweinessig
- 1 EL Tahini
- 1 EL Tomatenmark
- 1 TL Knoblauchpulver
- ½ TL Zwiebelpulver
- 2 ½–3 EL Tamari-Soße
- 1-2 EL Hefeflocken (nach Geschmack)
- 360 ml Wasser
- 2 TL frisch gehackter oder ½ TL getrockneter Rosmarin
- 1-1 ½ TL Kokosblüten- oder Ahornsirup
- \+ Meersalz nach Geschmack
- \+ frisch gemahlener Pfeffer nach Geschmack

ZUBEREITUNG

1. Mehl, Essig, Tahini, Tomatenmark, Knoblauch- und Zwiebelpulver, 2 ½ EL Tamari-Soße und 1 EL Hefeflocken in einen kleinen Stieltopf auf mittlerer Flamme geben und einige Minuten mit dem Schneebesen durchrühren. Die Mischung dickt sehr schnell ein. Weiterrühren, damit sich der rohe Geschmack des Mehls verflüchtigt.
2. Circa 60 ml Wasser hinzufügen und die Soße unter ständigem Rühren gut durchwärmen.
3. Langsam nach und nach das restliche Wasser einrühren. Wenn das gesamte Wasser ein- und die Soße gut durchgerührt ist, den Rosmarin und 1 TL Sirup hinzufügen und zum Kochen bringen.
4. Flamme niedrig stellen und Soße 7 bis 8 Minuten köcheln lassen. Wenn sie zu dick wird, mehr Wasser einquirlen.
5. Abschmecken und auf Wunsch restlichen ½ EL Tamari-Soße, 1 EL Hefeflocken, ½ TL Sirup sowie Salz und Pfeffer einrühren. Servieren.

HINWEIS: *Sie können statt Hirse- auch ein anderes Mehl verwenden, z. B. Vollkornweizen- oder Dinkelmehl. Hirsemehl eignet sich besonders gut, weil es nicht so stark verklumpt wie glutenbasierte Mehle. Wenn Sie aber am Anfang gut rühren, während Sie das Wasser hinzufügen, können Sie auch jedes andere Mehl verwenden.*

PRO PORTION (80 ML): 53 Kalorien, 3 g Protein, 7 g Kohlenhydrate, 1 g Zucker, 2 g Gesamtfettgehalt, 30 % Fettkalorien, 1 g Ballaststoffe, 506 mg Natrium

BALSAMICO-REDUKTION

ERGIBT 5 PORTIONEN (CIRCA 80 ML)

Verwenden Sie dieses leckere Dressing auf unseren Miso-Reisküchlein (Seite 150) oder als Krönung jedes anderen Gerichts, dem Sie eine Extraportion Geschmack verleihen wollen! Beim Köcheln kann ein recht intensiver Essiggeruch entstehen, also öffnen Sie dabei am besten Ihr Küchenfenster.

ZUTATEN

120 ml **Balsamicoessig**
2 EL **Kokosblütensirup**
1-2 **Prisen Meersalz**

ZUBEREITUNG

1. Essig, Kokosblütensirup und Salz in einen kleinen Stieltopf auf mittlerer Flamme geben und zum Kochen bringen. Flamme herunterstellen und die Mischung 25 bis 30 Minuten leicht köcheln lassen, bis sie reduziert und eingedickt ist. Wenn Sie sie noch dicker mögen, lassen Sie sie noch ein paar weitere Minuten köcheln. Vom Herd nehmen und abkühlen lassen. (Beim Abkühlen dickt sie noch etwas mehr ein.)
2. Reste können in ein Schraubglas oder eine Flasche gefüllt und im Kühlschrank aufbewahrt werden.

VORSCHLAG: *Wenn Sie ein Fan dieser Balsamico-Reduktion sind, bereiten Sie doch gleich die doppelte Menge zu und bewahren Sie die übrig bleibende Soße im Kühlschrank auf.*

PRO PORTION (1 EL): 40 Kalorien, 0 g Protein, 9 g Kohlenhydrate, 8 g Zucker, 0 g Gesamtfettgehalt, 0 % Fettkalorien, 0 g Ballaststoffe, 62 mg Natrium

LEICHTE TAHINISOSSE

ERGIBT 8 PORTIONEN (CIRCA 250 ML)

Diese Tahinisoße ist ein leichter und köstlicher Genuss.

ZUTATEN

- 80 ml Tahini
- 80 ml Apfelmus
- 3 EL Zitronensaft
- 2 EL Tamari-Soße
- 1-2 TL Kokosblütensirup (optional)
- 2-4 EL Wasser
- + Meersalz
- + frisch gemahlener schwarzer Pfeffer

ZUBEREITUNG

1. Tahini, Apfelmus, Zitronensaft, Tamari-Soße, Sirup (falls verwendet), 2 EL Wasser und Salz und Pfeffer nach Geschmack in einen Mixer oder einen Behälter mit Pürierstab geben und glatt pürieren. Zum Verdünnen bei Bedarf die restlichen 1 bis 2 EL Wasser untermixen.
2. Nach Geschmack würzen und servieren.

PRO PORTION (2 EL): 68 Kalorien, 2 g Protein, 4 g Kohlenhydrate, 1 g Zucker, 5 g Gesamtfettgehalt, 67 % Fettkalorien, 1 g Ballaststoffe, 559 mg Natrium

LIMETTEN-DRESSING

ERGIBT 4 PORTIONEN (CIRCA 125 ML)

Lieben Sie die vitalisierende Säure von frischem Limettensaft? Dann probieren Sie dieses Dressing auf Ihrem Salat oder gekochtem Getreide oder Linsen aus!

ZUTATEN

- 60 ml frisch gepresster Limettensaft
- 3 EL Kokosblütensirup
- ½ EL gemahlene Chiasamen
- ½ EL Dijonsenf
- ½ TL gemahlener Kreuzkümmel
- ¼ TL Zimt
- 1 Prise Piment
- ½ TL Meersalz
- \+ frisch gemahlener schwarzer Pfeffer nach Geschmack
- 1 EL Wasser (optional)

ZUBEREITUNG

1. Limettensaft, Sirup, Chiasamen, Senf, Kreuzkümmel, Zimt, Piment, Salz und Pfeffer in einen Mixer geben und glatt pürieren. Bei Bedarf zum Verdünnen Wasser untermixen.
2. In ein Schraubglas oder einen luftdicht verschließbaren Behälter füllen und bis zu einer Woche im Kühlschrank kalt stellen.

HINWEIS: *Das Dressing dickt im Kühlschrank weiter ein. Zum Verdünnen einfach 1 bis 2 TL Wasser einrühren.*

PRO PORTION (2 EL): 52 Kalorien, 0 g Protein, 12 g Kohlenhydrate, 9 g Zucker, 1 g Gesamtfettgehalt, 9 % Fettkalorien, 1 g Ballaststoffe, 340 mg Natrium

AUS UNSEREM ONLINESHOP

BIO SESAMÖL

* IN BIO-QUALITÄT

100 % Bio Sesamöl ohne Zusätze, Kaltpressung. Reich an zweifach ungesättigter Fettsäure Linolsäure. Zum Würzen von Speisen, Salaten, Dips und Marinaden sowie zum Braten, Backen und Dünsten.

500 ml, Best.-Nr. 25210

€ 13,99

OPC TRAUBENKERNEXTRAKT

Nahrungsergänzungsmittel mit Traubenkernextrakt aus französischen Weintrauben und Extraktion in Frankreich. Eine Kapsel enthält 350 mg Traubenkernextrakt, davon 140 mg OPC.

60 Kapseln, Best.-Nr. 25077 • **€ 17,90**

BIO KRÄUTER

* IN BIO-QUALITÄT

Kräuterfermentgetränk aus Dänemark. Enthält 7 Milchsäurebakterienkulturen, organische Säuren und 19 sorgfältig ausgewählte Kräuter. Frischer und angenehm säuerlicher Geschmack.

BIO Kräuter* Best.-Nr. 21610
1 l • **€ 29,90**

BIO Kräuter* Best.-Nr. 21611
BIO Aronia* Best.-Nr. 21613
BIO Ingwer* Best.-Nr. 23140
BIO Hagebutte* Best.-Nr. 21612
500 ml • **€ 16,50**

BIO OREGANO ÖL

* IN BIO-QUALITÄT

100 % ätherisches Bio Oregano Öl, Origanum vulgare, min. 80 % Carvacrol. Durch Wasserdampf-Destillation gewonnen. Das griechische Oregano wächst nur in Griechenland und ist weltweit für seine bemerkenswerten Eigenschaften bekannt und berühmt.

10 ml Best.-Nr. 23833 • **€ 18,99** 60 Kapseln Best.-Nr. 23836 • **€ 19,99**

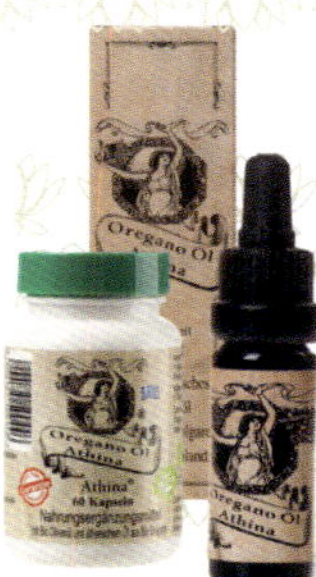

Haar Vitamine

- Hochdosiert mit Biotin, Folsäure, sieben B-Vitaminen, Vitamin C + E sowie Zink, Selen, Hirsesamen-Extrakt, Grüner-Tee-Extrakt, L-Cystein und MSM
- 120 Kapseln mit Mehrfach-Komplex für Haut, Haare und Nägel für zwei Monate

120 Kapseln, Best.-Nr. 24673 • **€ 29,90**

Hyaluronsäure Kapseln

- Hochdosiert mit 350 mg Hyaluronsäure pro Kapsel sowie Vitamin C, B12 und Zink
- 90 Kapseln für drei Monate

Zu 100 % vegan ohne Magnesiumstearat.

90 Kapseln, Best.-Nr. 23910 • **€ 27,90**

Hyaluron Performance Serum & Creme

Geeignet als Make-Up-Grundlage sowie als After-Shave-Pflege. Für reife Haut. Zu 100 % vegan und ohne Tierversuche.

Serum: 50 ml, Best.-Nr. 24669 • **€ 29,90**

Enthält eine sehr hoch dosierte Kombination aus nieder- und hochmolekularer Hyaluronsäure.

Creme: 50 ml, Best.-Nr. 24672 • **€ 29,90**

Enthält u. a. Hyaluronsäure, Retinol, Shea-Butter, OPC, natürliches Vitamin E, Lecithin, Resveratrol und Traubenkernöl.

BIO SUPERFOODS

Chlorella Tabletten *

250 g, Best.-Nr. 16589 • **€ 12,60**

Flohsamenschalen Pulver *

250 g, Best.-Nr. 21983 • **€ 5,50**

Guarana Pulver *

100 g, Best.-Nr. 16039 • **€ 10,60**

Hanfprotein Pulver *

1 kg, Best.-Nr. 21981 • **€ 18,60**

Maca Pulver, gelatiniert *

300 g, Best.-Nr. 15458 • **€ 10,40**

Matcha Pulver *

100 g, Best.-Nr. 21917 • **€ 16,40**

Spirulina Tabletten *

250 g, Best.-Nr. 16590 • **€ 9,60**

UNIMEDICA

Sango Koralle 1100 mg
100 % fossile Korallen, eine natürliche Quelle für Calcium und Magnesium im körpereigenen Verhältnis von 2:1.
180 Kapseln, Best.-Nr. 24910 • **€ 19,80**

Camu-Camu-Extrakt 500 mg
Hochdosiertes natürliches Vitamin C.
120 Kapseln, Best.-Nr. 24911 • **€ 13,50**

Acerola-Extrakt 494 mg
Hochdosiertes natürliches Vitamin C.
180 Kapseln, Best.-Nr. 24912 • **€ 19,50**

Vitamin B12-Lutschtabletten
Für ein funktionierendes Nerven- und Immunsystem.
100 Tabletten, Best.-Nr. 24913 • **€ 14,90**

L-Arginin 620 mg
Hochdosiertes rein pflanzliches L-Arginin.
365 Kapseln, Best.-Nr. 24944 • **€ 18,50**

Bio-Grapefruit-Extrakt
Hochkonzentriertes Bio-Grapefruit-Extrakt.
100 ml, Best.-Nr. 24945 • **€ 19,70**

Magnesium 500 mg
Tri-Magnesium-Di-Citrat für eine schnelle Resorption.
180 Kapseln, Best.-Nr. 24946 • **€ 14,50**

Vitamin-D3-Tropfen
50 ml,
Best.-Nr. 24904
€ 12,99

Auch als 3er-Set erhältlich
3 x 50 ml, Best.-Nr. 24961
€ 35,97 statt € 38,97

Vitamin-D3/K2 -Tropfen
50 ml, Best.-Nr. 24905
€ 18,90

Hyaluronsäure Kapseln
90 Kapseln,
Best.-Nr. 24906 • **€ 14,50**

Schwarzkümmelöl gefiltert
250 ml, Best.-Nr. 24948 • **€ 11,80**

Schwarzkümmelöl ungefiltert
1000 ml, Best.-Nr. 24949 • **€ 23,90**

Schwarzkümmelöl-Kapseln 500 mg
400 Kapseln, Best.-Nr. 24951
€ 19,80

Bio Hanföl *
250 ml,
Best.-Nr. 24952
€ 8,50

Bio Kokosöl nativ *
1000 ml,
Best.-Nr. 24954
€ 12,90

*** IN BIO-QUALITÄT**

GRÜNE-GÖTTIN-DRESSING

ERGIBT 5 PORTIONEN (CIRCA 160 ML)

Frische Kräuter wie Petersilie und Basilikum schmecken großartig und sind sehr gesund. In diesem cremigen und aromatischen Dressing haben sie ihren ganz großen Auftritt.

ZUTATEN

50 g	gekochte weiße Bohnen (reguläre oder Cannellini) oder 4 EL eingeweichte Cashewkerne
60-80 ml	Wasser (bei weißen Bohnen) oder 80-125 ml (bei Cashewkernen)
5 EL	frische Basilikumblätter
4 EL	frische Petersilie
1-1 ½ EL	Tahini (bei Bohnen 1 ½ EL Tahini verwenden, bei Cashewkernen ½ bis 1 EL; siehe Hinweis)
2 ½ EL	frisch gepresster Zitronensaft
2 TL	Ahornsirup
½ TL	Dijonsenf
1	sehr kleine Knoblauchzehe
½ TL	Meersalz
+	frisch gemahlener schwarzer Pfeffer nach Geschmack (optional)

ZUBEREITUNG

1. Bohnen, Wasser, Basilikum, Petersilie, Tahini, Zitronensaft, Sirup, Senf, Knoblauch, Salz und Pfeffer (falls verwendet) in einen Mixer geben und glatt pürieren.
2. Nach Geschmack mit zusätzlichem Salz und Pfeffer nachwürzen und servieren oder kalt stellen.
3. Das Dressing hält sich im Kühlschrank 3 bis 4 Tage lang.

HINWEIS: *Die Cashew-Variante ist von Natur aus sehr cremig. Für eine cremigere Version der Bohnenvariante die gesamte Menge Tahini verwenden. Für ein noch grüneres Dressing können Sie auch noch eine Handvoll Spinat in den Mixer werfen.*

PRO PORTION (2 EL): 42 Kalorien, 2 g Protein, 6 g Kohlenhydrate, 2 g Zucker, 2 g Gesamtfettgehalt, 32 % Fettkalorien, 1 g Ballaststoffe, 237 mg Natrium

MANGO-HANF-DRESSING

ERGIBT 8 PORTIONEN (CIRCA 250 ML)

Dieses tropische Dressing bringt ordentlich Leben in Ihren Salat!

ZUTATEN

150 g	Mangowürfel, frisch oder gefroren
2 EL	Hanfsamen
2 EL	frisch gepresster Limettensaft oder Rotweinessig
½ EL	gehackte Schalotten oder 1 EL gehackte weiße Frühlingszwiebelknöllchen
½ TL	Dijonsenf
½ TL	Meersalz
+	frisch gemahlener schwarzer Pfeffer nach Geschmack
60 ml	+ 2-3 EL Wasser (optional)
1-2 EL	Kokosblütensirup oder Ahornsirup

ZUBEREITUNG

1. Mangowürfel, Hanfsamen, Limettensaft oder Essig, Schalotten oder Frühlingszwiebeln, Senf, Salz, Pfeffer, 60 ml Wasser und 1 EL Sirup in einen Mixer geben und glatt pürieren.
2. Abschmecken und bei Bedarf zum Verdünnen die restlichen 2 bis 3 EL Wasser und auf Wunsch den restlichen EL Sirup untermixen.

VORSCHLAG: *Wenn Sie dieses Dressing mit scharfen Gerichten servieren oder ihm noch eine besondere Note verleihen möchten, fügen Sie während des Pürierens 1 bis 2 EL gehacktes Koriandergrün oder Basilikum hinzu.*

PRO PORTION (2 EL): 31 Kalorien, 1 g Protein, 5 g Kohlenhydrate, 4 g Zucker, 1 g Gesamtfettgehalt, 28 % Fettkalorien, 1 g Ballaststoffe, 155 mg Natrium

KRÄFTIGE SENF-VINAIGRETTE

ERGIBT 6 PORTIONEN (CIRCA 180 ML)

Wenn Sie würzige Senfdressings lieben, ist dieses hier genau das Richtige für Sie! Das Beste daran: Es ist im Handumdrehen fertig!

ZUTATEN

- 60 ml Apfel- oder Reisessig
- 2 EL Tamari-Soße
- 1 ½ EL regulärer oder Dijonsenf
- 2 ½ EL Kokosblüten- oder Ahornsirup
- ½ EL gemahlene Chiasamen
- \+ frisch gemahlener schwarzer Pfeffer nach Geschmack
- 1 Messerspitze Meersalz

ZUBEREITUNG

1. Essig, Tamari-Soße, Senf, Sirup, Chiasamen, Pfeffer und Salz in einen Mixer geben und glatt pürieren. Abschmecken und auf Wunsch noch etwas mehr Senf untermixen.
2. Nach Geschmack mit Salz und Pfeffer nachwürzen.
3. Sofort verwenden oder im Kühlschrank kalt stellen.
4. Das Dressing hält sich gekühlt mindestens eine Woche lang.

PRO PORTION (2 EL): 33 Kalorien, 1 g Protein, 7 g Kohlenhydrate, 5 g Zucker, 0,4 g Gesamtfettgehalt, 11 % Fettkalorien, 1 g Ballaststoffe, 428 mg Natrium

TRAUMHAFTES CAESAR-DRESSING

ERGIBT 12 PORTIONEN (CIRCA 375 ML)

Dieses Dressing ist ein vollmundig-cremiger Traum – ganz ohne Milchprodukte und ohne einen einzigen Tropfen Öl!

ZUTATEN

4-5 EL	eingeweichte Mandeln oder Cashewkerne
1	kleine gekochte rote oder gelbe Kartoffel, geschält (siehe Hinweis)
2 EL	frisch gepresster Zitronensaft
1½ EL	Rotweinessig
1	Knoblauchzehe, gehackt (Menge je nach Geschmack anpassen)
1 EL	Kichererbsenmiso (oder eine andere milde Misopaste)
2 TL	Dijonsenf
½ TL	Meersalz
+	frisch gemahlener schwarzer Pfeffer nach Geschmack
1 TL	Ahornsirup
180 ml	fettarme Pflanzenmilch, pur
2-3 EL	Wasser oder Pflanzenmilch (optional)

ZUBEREITUNG

1. Mandeln oder Cashewkerne, Kartoffel, Zitronensaft, Essig, Knoblauch, Kichererbsenmiso, Senf, Salz, Pfeffer, Sirup und Pflanzenmilch in einen Mixer geben und glatt pürieren.
2. Auf Wunsch zum Verdünnen zusätzliche Pflanzenmilch oder Wasser untermixen. (Das Dressing dickt im Kühlschrank weiter ein.)

HINWEIS: *Wenn Sie bei Grundnahrungsmitteln wie Kartoffeln eine größere Menge im Voraus kochen, lassen sich Rezepte wie dieses besonders schnell zubereiten. Backen oder kochen Sie mehrere Kartoffeln einfach so lange, bis sie weich sind. Bewahren Sie sie dann bis zum Gebrauch bis zu 6 Tage im Kühlschrank auf.*

Siehe Foto Seite 92.

PRO PORTION (2 EL): 34 Kalorien, 1 g Protein, 4 g Kohlenhydrate, 1 g Zucker, 2 g Gesamtfettgehalt, 42 % Fettkalorien, 1 g Ballaststoffe, 177 mg Natrium

POWER LUNCH BOWL

ERGIBT 2 PORTIONEN

Wenn Sie erst einmal eine Salat-Bowl ausprobiert haben, werden Sie nichts anderes mehr essen wollen! Fangen Sie einfach mit dieser an und ersetzen Sie die darin verwendeten Gemüse-, Bohnen- und Getreidesorten nach Lust und Laune.

ZUTATEN

- 400 g gekochte Quinoa oder brauner Reis (kalt oder warm, je nach Vorliebe)
- 3 große Handvoll Grünkohl (roh oder gedünstet, siehe Hinweis) oder Babyspinat, gehackt
- 300 g gekochte Süßkartoffel, gewürfelt
- 1 Dose (400 g) schwarze Bohnen, abgegossen und gespült
- 1 Paprika, gehackt
- 60 ml *Mango-Hanf-Dressing* (Seite 88) oder *Traumhaftes Caesar-Dressing* (Seite 90)

ZUBEREITUNG

1. Jeweils die etwa gleiche Menge Quinoa oder Reis, Grünkohl oder Spinat, Süßkartoffelwürfel, schwarze Bohnen und Paprika in zwei Schüsseln anrichten.
2. Dressing Ihrer Wahl darüber geben.

HINWEIS: *Falls Sie rohen Grünkohl verwenden, bereiten Sie ihn vor dem Verwenden mit einer »Massage« vor. Entfernen Sie dafür die Blätter vom Strunk, streuen Sie etwas Salz darüber und »massieren« Sie die Blätter 1 bis 2 Minuten. Dadurch wird der Grünkohl weicher und seine Farbe leuchtender. Hacken Sie die Blätter in mundgerechte Stücke und geben Sie sie in die Schüssel. Sie können den Grünkohl auch circa 1 Minute dünsten, damit er weich wird, und dann hacken.*

Siehe Foto Seite 92.

PRO PORTION (MIT MANGO-HANF-DRESSING):
644 Kalorien, 27 g Protein, 124 g Kohlenhydrate, 22 g Zucker, 6 g Gesamtfettgehalt, 9 % Fettkalorien, 28 g Ballaststoffe, 516 mg Natrium

MAROKKANISCHES SALATDRESSING

ERGIBT 5 PORTIONEN (CIRCA 160 ML)

Dieses Dressing passt perfekt zu unserem herzhaft-sättigenden Marokkanischen Bohnensalat (folgende Seite), schmeckt aber auch wunderbar zu gedünstetem Gemüse und anderen Salaten.

ZUTATEN

- 60 ml Zitronensaft
- 60 ml Wasser
- 1 EL Tahini
- 1 ½ EL Ahornsirup
- 2 TL frischer Ingwer, grob gehackt
- 1 sehr kleine Knoblauchzehe
- ¼ TL Paprikapulver
- ½ TL gemahlener Kreuzkümmel
- ½ TL Zimt
- ½ TL Meersalz

ZUBEREITUNG

Zitronensaft, Wasser, Tahini, Sirup, Ingwer, Knoblauch, Paprikapulver, Kreuzkümmel, Zimt und Salz in einen Mixer geben und glatt pürieren.

Siehe Foto Seite 93.

PRO PORTION (2 EL): 36 Kalorien, 1 g Protein, 6 g Kohlenhydrate, 4 g Zucker, 2 g Gesamtfettgehalt, 37 % Fettkalorien, 1 g Ballaststoffe, 227 mg Natrium

MAROKKANISCHER BOHNENSALAT

ERGIBT 4 PORTIONEN

Party-Salat gefällig? Dank seiner aromatischen und abwechslungsreichen Zutaten wird dieser herzhafte, sättigende und schnell gemachte Salat garantiert ein Erfolg!

ZUTATEN

- 1 Dose (400 g) Kichererbsen, abgegossen und gespült
- 1 Dose (400 g) schwarze Bohnen, abgegossen und gespült (oder 250 g gekochtes Getreide wie brauner Reis oder Quinoa)
- 1 rote Paprika, gewürfelt
- ⅓ Zucchini, gewürfelt (oder Gurke)
- 5 EL getrocknete Aprikosen, gehackt
- 5 EL gehackte Frühlingszwiebeln
- 2 Handvoll grob gehackter Babyspinat
- 125 ml *Marokkanisches Salatdressing* (Seite 94)
- \+ Meersalz nach Geschmack
- \+ frisch gemahlener schwarzer Pfeffer nach Geschmack

ZUBEREITUNG

1. Kichererbsen, Bohnen, rote Paprika, Zucchini, Aprikosen, Frühlingszwiebeln und Spinat in eine große Schüssel geben und vermischen.
2. Dressing darüber geben und verrühren.
3. Abschmecken und auf Wunsch mehr Dressing hinzufügen. Bei Bedarf mit Salz und Pfeffer nachwürzen.
4. Servieren oder abdecken und mehrere Stunden im Kühlschrank kalt stellen.

Siehe Foto Seite 93.

PRO PORTION: 278 Kalorien, 13 g Protein, 50 g Kohlenhydrate, 15 g Zucker, 4 g Gesamtfettgehalt, 13 % Fettkalorien, 15 g Ballaststoffe, 527 mg Natrium

AVOCADO-BASILIKUM-DRESSING

ERGIBT 6 PORTIONEN (CIRCA 180 ML)

Dieses dicke, cremige Dressing schmeckt im Salat oder auf gekochten Bohnen, mit Vollkorngetreide und auch auf Ofenkartoffeln einfach unwiderstehlich!

ZUTATEN

- 1 Avocado, entsteint und gewürfelt
- 1 ½ EL frisch gepresster Zitronensaft
- 4 EL frische Basilikumblätter
- ¼ TL Meersalz
- \+ frisch gemahlener schwarzer Pfeffer nach Geschmack
- 120 ml + 1-2 EL Wasser
- 1-1 ½ TL Kokosblüten- oder Ahornsirup

ZUBEREITUNG

1. Avocado, Zitronensaft, Basilikum, Salz, Pfeffer, 125 ml Wasser und 1 TL Sirup in einen Mixer geben und glatt pürieren. Auf Wunsch zum Verdünnen die restlichen 1 bis 2 EL Wasser untermixen, bis die gewünschte Konsistenz erreicht ist. Bei Bedarf den restlichen ½ TL Sirup hinzufügen.
2. Nach Geschmack mit Salz und Pfeffer nachwürzen.

PRO PORTION (2 EL): 41 Kalorien, 0 g Protein, 4 g Kohlenhydrate, 2 g Zucker, 3 g Gesamtfettgehalt, 59 % Fettkalorien, 1 g Ballaststoffe, 149 mg Natrium

GRIECHISCHER REISSALAT

ERGIBT 4 PORTIONEN

Wenn Sie schon ein Fan von traditionellem griechischen Salat sind, werden Sie diese Version lieben!

ZUTATEN

- 3 EL frisch gepresster Zitronensaft
- 1 ½ EL Kokosblüten- oder Ahornsirup
- 1 EL Rotweinessig
- 1 TL Meersalz
- 1 TL Dijonsenf
- ¼ TL Piment
- ½–1 TL frischer Knoblauch, gerieben oder gepresst
- \+ frisch gemahlener schwarzer Pfeffer nach Geschmack (optional)
- 480 g gekochter brauner Reis
- 150 g gewürfelte Gurke (auf Wunsch Samen entfernen)
- 1 Handvoll gehackte Kirschtomaten oder 1 große gehackte Tomate (oder 1 gehackte rote Paprika)
- 8 EL Kalamata-Oliven, in Scheiben geschnitten
- ½ EL frischer Oregano, gehackt
- 2 EL frischer Dill, gehackt

ZUBEREITUNG

1. Zitronensaft, Sirup, Essig, Salz, Senf, Piment, Knoblauch und Pfeffer (falls verwendet) in einer großen Schüssel verquirlen.
2. Reis, Gurke, Tomaten, Oliven, Oregano und Dill hinzufügen und vermischen.
3. Abschmecken und auf Wunsch mit Salz oder Zitronensaft nachwürzen.
4. Als Beilage oder herzhaftes Hauptgericht auf grünem Blattsalat servieren.

SERVIERVORSCHLÄGE: *Sie können die Hälfte des gekochten Reises auch mit 250 g gekochten Bohnen (z. B. Kichererbsen oder Kidneybohnen) ersetzen. Für eine Extraportion grüne Pflanzenpower verwenden Sie nur die Hälfte der Tomaten (oder lassen sie ganz weg) und mischen 1 bis 2 Handvoll gehackten Babyspinat unter den Salat.*

PRO PORTION: 306 Kalorien, 6 g Protein, 62 g Kohlenhydrate, 7 g Zucker, 4 g Gesamtfettgehalt, 11 % Fettkalorien, 5 g Ballaststoffe, 751 mg Natrium

THUN-NICHT-SALAT

ERGIBT 2 PORTIONEN

Das Geschmacksgeheimnis dieses gesunden und leckeren Salats sind die Kichererbsen.

ZUTATEN

- 1 Dose (400 g) Kichererbsen, abgegossen und gespült
- 1 EL Tahini
- 2 EL Wasser
- 1 EL Rotweinessig (oder Apfelessig)
- 1 EL Kichererbsenmiso (oder eine andere milde Misopaste)
- 1 TL vegane Worcestershire-Soße (optional)
- ½ TL Dijonsenf
- ½ TL Kokosblütensirup
- 2 EL fein gehackter Sellerie (siehe Hinweis)
- 2 EL fein gehackte Gurke
- 2 EL fein gehackter Apfel
- 1 Messerspitze Meersalz
- \+ frisch gemahlener schwarzer Pfeffer nach Geschmack

ZUBEREITUNG

1. Kichererbsen in einer kleinen Küchenmaschine grob häckseln, aber nicht zu fein zerkleinern. (Alternativ mit einer Gabel zerdrücken.)
2. Kichererbsen, Tahini, Wasser, Essig, Misopaste, Worcestershire-Soße, Senf, Sirup, Sellerie, Gurke, Apfel und Salz in eine große Schüssel geben und gut vermischen.
3. Nach Geschmack mit Salz und Pfeffer nachwürzen und servieren.

HINWEIS: *Statt des Selleries, der Gurke und des Apfels können Sie auch fein gehackte Paprika oder 1 EL fein gehackte Frühlingszwiebeln verwenden.*

SERVIERVORSCHLÄGE: *Verwenden Sie diesen Salat als Pitabrotfüllung oder als Sandwichbelag zwischen zwei Vollkornbrotscheiben. Sie können ihn auch auf große, frische Kopfsalatblätter oder Vollkornweizentortillas geben und zu Wraps aufrollen.*

PRO PORTION: 264 Kalorien, 12 g Protein, 37 g Kohlenhydrate, 8 g Zucker, 8 g Gesamtfettgehalt, 27 % Fettkalorien, 10 g Ballaststoffe, 800 mg Natrium

CHIPOTLE-GEKÜSSTER MAISSALAT

ERGIBT 4 PORTIONEN

Dieser Salat ist im Nu gemacht und perfekt für Picknicks und Sommer-Grillabende.

ZUTATEN

- 500 g Maiskörner
- 1 Dose (400 g) weiße Bohnen, abgegossen und gespült
- 1 rote Paprika, gehackt
- 4 EL Gurke, gewürfelt
- 4 EL Schnittlauch, gehackt
- ½–1 TL scharfe Chipotle-Soße (siehe Hinweis)
- 4-5 EL *Limetten-Dressing* (Seite 86)

ZUBEREITUNG

1. Mais, Bohnen, Paprika, Gurke und Schnittlauch in eine große Schüssel geben und gut vermischen.
2. ½ TL scharfe Soße und 4 EL Dressing unterrühren. Abschmecken und auf Wunsch restliche scharfe Soße oder Dressing hinzufügen.
3. Servieren oder bis zu 3 Tage in einem luftdicht verschließbaren Behälter im Kühlschrank aufbewahren.

HINWEIS: *Je nach Marke unterscheidet sich der Schärfegrad der Soße, also fangen Sie mit circa ½ TL an und verwenden Sie danach mehr, wenn Sie möchten.*

PRO PORTION: 221 Kalorien, 10 g Protein, 46 g Kohlenhydrate, 10 g Zucker, 1 g Gesamtfettgehalt, 5 % Fettkalorien, 8 g Ballaststoffe, 302 mg Natrium

BRAVO-CADO-PASTASALAT

ERGIBT 4 PORTIONEN

Pasta mal anders: Bei diesem farbenfrohen Pastasalat werden leckere Nudeln mit einem vollmundigen Dressing auf Avocadobasis veredelt.

ZUTATEN

800 g	gekochte Pasta (z. B. Fusilli oder Penne), abgekühlt
4	Kirschtomaten, in Scheiben geschnitten
½	rote Paprika, gehackt
8 EL	schwarze Oliven, entsteint und halbiert
8 EL	sonnengetrocknete Tomaten, gehackt
2 EL	Schnittlauch, gehackt
4 EL	Basilikumblätter, fein geschnitten
½ EL	frisch gepresster Zitronensaft oder Rotweinessig
1	Messerspitze Meersalz
+	frisch gemahlener schwarzer Pfeffer nach Geschmack
180 ml	*Avocado-Basilikum-Dressing* (Seite 96)
½	Avocado, entsteint und fein gewürfelt (optional)

ZUBEREITUNG

1. Pasta, Kirschtomaten, Paprika, Oliven, sonnengetrocknete Tomaten, Schnittlauch, Basilikum, Zitronensaft oder Essig, Salz, Pfeffer, Dressing und Avocadowürfel (falls verwendet) in eine große Schüssel geben. Vorsichtig vermischen und dabei die Pasta mit dem Dressing überziehen.
2. Abschmecken, auf Wunsch nachwürzen und servieren.

PRO PORTION: 442 Kalorien, 14 g Protein, 78 g Kohlenhydrate, 8 g Zucker, 9 g Gesamtfettgehalt, 16 % Fettkalorien, 8 g Ballaststoffe, 577 mg Natrium

CAESAR SALAD MIT QUINOA UND GRÜNKOHL

ERGIBT 3 PORTIONEN

Grünkohl und Quinoa sind das Dreamteam, das diesen Caesar Salad zu einem besonderen Geschmackserlebnis werden lässt!

ZUTATEN

- 420 g Quinoa, gekocht
- 3–4 Handvoll Grünkohl, gehackt (die Blätter vom Strunk abziehen und dann hacken)
- 125–160 ml *Traumhaftes Caesar-Dressing* (Seite 90)
- 1 EL Zitronensaft
- ¼ TL Meersalz
- \+ frisch gemahlener schwarzer Pfeffer nach Geschmack
- 1 ½ Handvoll *Croutons mit Käsenote* (Seite 109)

ZUBEREITUNG

1. Quinoa, Grünkohl, Dressing, Zitronensaft, Salz und Pfeffer in eine große Schüssel geben und vermischen.
2. Nach Geschmack mit zusätzlichem Zitronensaft, Salz oder Pfeffer nachwürzen.
3. Die Croutons erst kurz vor dem Servieren darüber streuen, damit sie kross bleiben.

PRO PORTION: 266 Kalorien, 11 g Protein, 44 g Kohlenhydrate, 5 g Zucker, 6 g Gesamtfettgehalt, 19 % Fettkalorien, 6 g Ballaststoffe, 662 mg Natrium

REGENBOGEN-QUINOA-SALAT

ERGIBT 3 PORTIONEN

Diese Kombination aus Quinoa mit farbenfrohem, knackigen Gemüse und einem süß-säuerlichen Dressing macht es kinderleicht, den »Regenbogen« zu essen!

ZUTATEN

DRESSING

3 ½ EL	Orangensaft
1 EL	Apfelessig
1 EL	Ahornsirup
1 ½ TL	Senf
1	Messerspitze Nelkenpulver
½ TL	Meersalz
+	frisch gemahlener schwarzer Pfeffer nach Geschmack

SALAT

400 g	gekochte Quinoa, abgekühlt
100 g	Maiskörner
1	kleiner Apfel, gewürfelt, mit ½ TL Zitronensaft vermischt
¼	rote Paprika, gewürfelt
4 EL	gehackte Frühlingszwiebeln oder Schnittlauch
1	Dose (400 g) schwarze Bohnen, abgegossen und gespült
+	Meersalz nach Geschmack
+	frisch gemahlener schwarzer Pfeffer nach Geschmack

ZUBEREITUNG

1. FÜR DAS DRESSING: Orangensaft, Essig, Sirup, Senf, Nelkenpulver, Salz und Pfeffer in einer großen Schüssel verquirlen.
2. FÜR DEN SALAT: Quinoa, Maiskörner, Apfelwürfel, rote Paprika, Frühlingszwiebeln oder Schnittlauch und schwarze Bohnen in die Schüssel mit dem Dressing geben und alle Zutaten gut vermischen.
3. Nach Geschmack mit Salz und Pfeffer würzen.
4. Servieren oder in einem luftdicht verschließbaren Behälter im Kühlschrank aufbewahren.

PRO PORTION: 355 Kalorien, 15 g Protein, 68 g Kohlenhydrate, 12 g Zucker, 4 g Gesamtfettgehalt, 9 % Fettkalorien, 15 g Ballaststoffe, 955 mg Natrium

WINTEROBSTSALAT

ERGIBT 4 PORTIONEN

Dieser Salat wird aus Früchten gemacht, die im Herbst und Winter und sogar bis in den Frühling hinein erhältlich sind.

ZUTATEN

- 3 Äpfel ohne Kerngehäuse, gewürfelt (auf Wunsch geschält)
- 3 Birnen ohne Kerngehäuse, gewürfelt (auf Wunsch geschält)
- 2 Orangen, Mandarinen oder Grapefruits, klein geschnitten
- 1,5 reife Bananen, in Scheiben geschnitten
- 1 ½ EL frisch gepresster Orangensaft
- 1 Messerspitze Zimt

ZUBEREITUNG

Äpfel, Birnen, Zitrusfrüchte, Bananen, Orangensaft und Zimt in eine große Schüssel geben und vorsichtig vermischen.

Siehe Foto Seite 103.

PRO PORTION: 196 Kalorien, 2 g Protein, 51 g Kohlenhydrate, 35 g Zucker, 1 g Gesamtfettgehalt, 2 % Fettkalorien, 9 g Ballaststoffe, 3 mg Natrium

SOMMEROBSTSALAT

ERGIBT 4 PORTIONEN

Wenn die Sommerobstsaison ihren Höhepunkt erreicht hat, ist dieser Salat das Beste, was die Natur an vollwertigen Süßigkeiten zu bieten hat.

ZUTATEN

- 500 g halbierte oder geviertelte Erdbeeren, Blütenkelche entfernt (siehe Hinweis)
- 330 g Heidelbeeren
- 300 g entsteine Pfirsiche oder Nektarinen, gewürfelt
- 300 g entsteinte Pflaumen, gewürfelt
- 1 ½ EL Orangensaft (oder ½ EL Zitronensaft)

ZUBEREITUNG

1. Erdbeeren, Heidelbeeren, Pfirsiche oder Nektarinen und Pflaumen in eine große Schüssel geben.
2. Orangensaft darüber gießen und alle Zutaten vorsichtig vermischen.

HINWEIS: *Sie können auch gern einen Teil der Erdbeeren mit anderen Beeren wie z. B. Himbeeren und/oder Brombeeren ersetzen.*

Siehe Foto Seite 103.

PRO PORTION: 152 Kalorien, 3 g Protein, 38 g Kohlenhydrate, 29 g Zucker, 1 g Gesamtfettgehalt, 6 % Fettkalorien, 6 g Ballaststoffe, 2 mg Natrium

ITALIENISCHER BOHNENSALAT

ERGIBT 4 PORTIONEN

Jeder Bissen dieses Salats überrascht mit einer anderen Geschmacksnote. Ein perfektes Mitbringsel für Partys und Picknicks!

ZUTATEN

- 2 EL Zitronensaft
- 1 EL Rotweinessig
- 1 EL Ahornsirup
- 1 ½ TL Dijonsenf
- ¼ TL Meersalz
- ½ TL getrockneter Oregano
- ¼ TL Knoblauchpulver
- \+ frisch gemahlener schwarzer Pfeffer nach Geschmack (optional)
- 1 Dose (400 g) Kichererbsen, abgegossen und gespült
- 1 Dose (400 g) weiße Bohnen, abgegossen und gespült
- 1 rote, gelbe oder orange Paprika, gehackt
- 1 Tomate, gehackt
- 200–250 g Artischockenherzen, geviertelt oder grob gehackt (gefroren oder aus dem Glas, nicht in Öl mariniert)
- 4 EL sonnengetrocknete Tomaten, gehackt oder in Streifen geschnitten
- 4 EL Frühlingszwiebeln oder Schnittlauch, gehackt
- 5 EL Kalamata-Oliven, in Scheiben geschnitten
- 4 EL frische Basilikumblätter, gehackt
- 3 EL Rosinen oder 4 EL Trauben, in Scheiben geschnitten (optional)

ZUBEREITUNG

1. Zitronensaft, Essig, Sirup, Senf, Salz, Oregano, Knoblauchpulver und schwarzen Pfeffer (falls verwendet) in eine große Schüssel geben und verquirlen.
2. Kichererbsen, Bohnen, Paprika, Tomate, Artischockenherzen, sonnengetrocknete Tomaten, Frühlingszwiebeln oder Schnittlauch, Oliven, Basilikum und Rosinen oder Trauben (falls verwendet) in die Schüssel geben.
3. Alle Zutaten gut vermischen und mit dem Dressing überziehen.
4. Abschmecken und auf Wunsch mit Salz und Pfeffer nachwürzen.
5. Sofort servieren oder bis zu 4 Tage im Kühlschrank aufbewahren.

PRO PORTION: 275 Kalorien, 15 g Protein, 49 g Kohlenhydrate, 10 g Zucker, 4 g Gesamtfettgehalt, 12 % Fettkalorien, 15 g Ballaststoffe, 801 mg Natrium

POPEYES GRÜNER SALAT

ERGIBT 4 PORTIONEN

Dieser köstliche Salat sorgt für Extra-Muskelpower! Sie können statt Paprika und Tomaten auch gern anderes Gemüse wie Gurkenscheiben oder geraspelte Karotten verwenden und die Walnüsse oder Kürbiskerne mit anderen Nüssen oder Samen ersetzen – ganz wie Sie mögen!

ZUTATEN

- 6 Handvoll Babyspinat
- 1 rote, gelbe oder orange Paprika, in Streifen geschnitten
- 6 Kirschtomaten, in Scheiben geschnitten
- 2 EL Walnüsse, gehackt, oder geröstete Kürbiskerne
- 2 EL Frühlingszwiebeln oder Schnittlauch, gehackt
- 125 ml *Mango-Hanf-Dressing* (Seite 88)
- \+ frisch gemahlener schwarzer Pfeffer nach Geschmack (optional)

ZUBEREITUNG

1. Spinat in eine große Schüssel geben. Paprika, Tomaten, Walnüsse oder Kürbiskerne und Frühlingszwiebeln oder Schnittlauch darüber geben.
2. Das Dressing erst kurz vor dem Servieren hinzufügen.
3. Nach Geschmack mit schwarzem Pfeffer würzen (falls verwendet) und servieren.

PRO PORTION (MIT MANGO-HANF-DRESSING):
77 Kalorien, 3 g Protein, 10 g Kohlenhydrate, 6 g Zucker, 4 g Gesamtfettgehalt, 40 % Fettkalorien, 3 g Ballaststoffe, 193 mg Natrium

OLIVIAS DINNER-SALAT

ERGIBT 4 PORTIONEN

Olivias Salat aus frischem gemischten Blattsalat, knackigem Gemüse und einem unwiderstehlichen Dressing haut nicht nur Popeye vom Hocker!

ZUTATEN

- 6 Handvoll gemischter Blattsalat (z. B. Mischung aus Romana- und rotem Eichblattsalat)
- ¼ Gurke, gewürfelt
- ½ Handvoll Trauben, in Scheiben geschnitten
- 1 kleine Karotte, geraspelt
- 3 EL Kalamata-Oliven, in Scheiben geschnitten (oder gehackte sonnengetrocknete Tomaten)
- 1-2 EL Frühlingszwiebeln, gehackt
- 125 ml *Grüne-Göttin-Dressing* (Seite 87)
- \+ *Süßkartoffelchips* (Seite 198, optional)
- \+ frisch gemahlener schwarzer Pfeffer nach Geschmack (optional)

ZUBEREITUNG

1. Salatblätter in eine große Schüssel geben.
2. Gurken, Trauben, Karotte, Oliven und Frühlingszwiebeln hinzufügen, Dressing darüber geben und mit Süßkartoffelchips (falls verwendet) krönen.
3. Mit Pfeffer würzen (falls verwendet) und servieren.

PRO PORTION: 86 Kalorien, 3 g Protein, 14 g Kohlenhydrate, 6 g Zucker, 3 g Gesamtfettgehalt, 25 % Fettkalorien, 4 g Ballaststoffe, 318 mg Natrium

CROUTONS MIT KÄSENOTE

ERGIBT 4 PORTIONEN

Byebye, ölige Croutons aus dem Laden – hallo, selbst gemachte Knusperwürfel!

ZUTATEN

1½ EL Aquafaba (siehe Hinweis)
1½ EL Hefeflocken
1 Messerspitze Knoblauchpulver
¼ TL Meersalz
3 Handvoll Vollkornbrotwürfel (aus gekeimtem Vollkornbrot)

ZUBEREITUNG

1. Ofen auf 190 °C vorheizen und ein Backblech mit Backpapier auslegen.
2. Aquafaba, Hefeflocken, Knoblauchpulver und Salz in einer großen Schüssel verquirlen.
3. Brotwürfel in die Mischung geben und darin wenden.
4. Die Würfel auf das Backblech legen und 12 Minuten im Ofen backen. Während der Backzeit die Würfel ab und zu wenden. Wenn die Croutons goldbraun sind und knusprig werden, den Ofen abstellen. Die Croutons noch einige Minuten im Ofen kross werden lassen. Wenn sie noch nicht knusprig sind, 1 bis 2 weitere Minuten backen und dabei aufpassen, dass sie nicht ankohlen.
5. Aus dem Ofen nehmen, auf dem Blech abkühlen lassen und sofort verwenden.

HINWEIS: *»Aquafaba« heißt nichts anderes als »Bohnenwasser«. Es ist die Flüssigkeit aus Kichererbsen- oder Weißen-Bohnen-Dosen, die meistens einfach abgegossen wird.*

PRO PORTION: 90 Kalorien, 4 g Protein, 16 g Kohlenhydrate, 1 g Zucker, 1 g Gesamtfettgehalt, 11 % Fettkalorien, 2 g Ballaststoffe, 327 mg Natrium

GEGRILLTES HUMMUS-SANDWICH

ERGIBT 1 PORTION

Mach Platz Käse, hier kommt der wahre Star der Show: Das köstlichste Hummus-Sandwich aller Zeiten! Wenn Sie das Hummus im Voraus zubereiten, ist dieses Sandwich blitzschnell gemacht.

ZUTATEN

- 5 EL *Einfaches Hummus* (Seite 64)
- 2 Scheiben gekeimtes Vollkornbrot
- ¼ Paprika, gehackt oder in Streifen geschnitten, oder ⅓ Handvoll Babyspinat, gehackt
- 1 EL Oliven oder sonnengetrocknete Tomaten, in Scheiben bzw. Streifen geschnitten

ZUBEREITUNG

1. Eine beschichtete Pfanne auf mittlerer Flamme erhitzen.
2. Die Hälfte des Hummus auf eine Brotscheibe streichen und mit Paprika oder Spinat und Oliven oder Tomaten belegen. Restliches Hummus auf die zweite Brotscheibe streichen und diese auf die erste legen.
3. Sandwich 3 bis 5 Minuten in der Pfanne grillen, bis die Unterseite leicht gebräunt ist. Wenden und weitere 3 bis 4 Minuten grillen, bis auch die zweite Seite leicht gebräunt ist.
4. Kurz zum Abkühlen auf ein Kuchengitter legen (damit die Unterseite nicht matschig wird).
5. Auf einen Teller legen, halbieren und servieren.

PRO PORTION: 329 Kalorien, 12 g Protein, 49 g Kohlenhydrate, 7 g Zucker, 10 g Gesamtfettgehalt, 26 % Fettkalorien, 9 g Ballaststoffe, 801 mg Natrium

GEGRILLTES NUSSMUS-SANDWICH

ERGIBT 1 PORTION

Wenn Sie Lust auf ein süßes gegrilltes Sandwich haben, schnappen Sie sich einfach Ihr Lieblingsnussmus. Ob zum Frühstück oder zum Mittagessen – Sie werden es lieben!

ZUTATEN

2-3 TL	Mandel- oder anderes Nussmus
2	Scheiben gekeimtes Vollkornbrot
½	reife Banane oder Apfel, in Scheiben geschnitten
¼ TL	Zimt
5 EL	Apfelmus

ZUBEREITUNG

1. Eine beschichtete Pfanne auf mittlerer Flamme erhitzen.
2. Die Hälfte des Nussmuses auf eine Brotscheibe streichen und mit Bananen- oder Apfelscheiben belegen. Zimt darüber streuen. Restliches Nussmus auf die zweite Brotscheibe streichen.
3. Sandwich zusammenklappen und in die Pfanne legen. 3 bis 4 Minuten grillen, bis die Unterseite leicht gebräunt ist. Wenden und weitere 3 bis 4 Minuten grillen, bis auch die zweite Seite leicht gebräunt ist.
4. Kurz zum Abkühlen auf ein Kuchengitter legen (damit die Unterseite nicht matschig wird).
5. Auf einen Teller legen und halbieren.
6. Mit Apfelmus zum Dippen servieren.

PRO PORTION: 332 Kalorien, 9 g Protein, 60 g Kohlenhydrate, 20 g Zucker, 8 g Gesamtfettgehalt, 21 % Fettkalorien, 7 g Ballaststoffe, 412 mg Natrium

SUPER-GRÜNKOHL MIT ZERDRÜCKTEN WEISSEN BOHNEN

ERGIBT 2 PORTIONEN

Weiße Bohnen sind äußerst vielseitige Sandwichaufstriche und Füllungen: Sie lassen sich leicht zerdrücken und nehmen schnell verschiedene Würzaromen an. Bei dieser Variante geben Grünkohl und Oliven den Ton an.

ZUTATEN

- 2 Handvoll zerpflückter Grünkohl (2 bis 3 große Blätter, vom Strunk entfernt)
- 1 Dose (400 g) weiße Bohnen, abgegossen und gespült
- 1 ½ EL Tahini
- 4 EL Kalamata-Oliven, in Scheiben geschnitten
- ½ TL Knoblauchpulver
- ¼ TL Meersalz (siehe Hinweis)
- ½ EL frischer Thymian oder 1 EL frischer Schnittlauch, gehackt (optional)
- \+ frisch gemahlener schwarzer Pfeffer nach Geschmack (optional)
- 1 ½–2 EL Rotweinessig

ZUBEREITUNG

1. Einen großen Topf 5 cm hoch mit Wasser füllen. Einen Dämpfkorb hineinsetzen und das Wasser auf hoher Flamme zum Kochen bringen.
2. Grünkohl in den Dämpfkorb geben und 1 Minute dämpfen.
3. Herausnehmen, überschüssiges Wasser herauspressen und fein hacken.
4. Bohnen in eine Schüssel geben und mit einer Gabel zerdrücken.
5. Grünkohl, Tahini, Oliven, Knoblauchpulver, Salz, Thymian, Pfeffer (falls verwendet) und 1 ½ EL Essig hinzufügen und gut umrühren.
6. Abschmecken, auf Wunsch den restlichen ½ EL Essig für etwas mehr Säure unterrühren und nach Geschmack mit Salz und Pfeffer nachwürzen.

HINWEIS: *Dank der Oliven braucht dieses Rezept nicht so viel Salz. Fangen Sie mit ¼ TL an und salzen Sie bei Bedarf nach.*

SERVIERVORSCHLÄGE: *Auf getoastetem Pumpernickel, Roggen- oder Vollkornbrot genießen oder zusammen mit Kopfsalat, Gurken- und Tomatenscheiben als Füllung für Pitabrote oder Salatblattwraps verwenden.*

PRO PORTION: 297 Kalorien, 17 g Protein, 41 g Kohlenhydrate, 1 g Zucker, 8 g Gesamtfettgehalt, 24 % Fettkalorien, 11 g Ballaststoffe, 662 mg Natrium

ZERDRÜCKTE WEISSE BOHNEN MIT SPINAT UND SONNENGETROCKNETEN TOMATEN

ERGIBT 2 PORTIONEN

Diese zweite Variante kombiniert weiße Bohnen mit sonnengetrockneten Tomaten, Babyspinat und dem herrlich rauchigen Aroma von geräuchertem Paprikapulver.

ZUTATEN

- 1 Dose (400 g) weiße Bohnen, abgegossen und gespült
- 1 große Handvoll frischer Babyspinat, fein gehackt
- 1½ EL Zitronensaft
- 1 EL Tahini
- 4 EL sonnengetrocknete Tomaten, gehackt
- ½ TL Knoblauchpulver
- ½ TL geräuchertes Paprikapulver
- ¼ TL Meersalz (siehe Hinweis)
- 2 EL frisches Basilikum, gehackt (optional, weglassen, wenn kein frisches Basilikum vorhanden ist)
- 1 EL Schnittlauch oder Frühlingszwiebeln, gehackt
- \+ frisch gemahlener schwarzer Pfeffer nach Geschmack (optional)

ZUBEREITUNG

1. Bohnen in eine Schüssel geben und mit einer Gabel zerdrücken.
2. Spinat, Zitronensaft, Tahini, sonnengetrocknete Tomaten, Knoblauchpulver, Paprikapulver, Salz, Basilikum (falls verwendet), Schnittlauch oder Frühlingszwiebeln und Pfeffer (falls verwendet) hinzufügen und alles gut verrühren.
3. Abschmecken und auf Wunsch nach Geschmack mit Salz und Pfeffer nachwürzen.

HINWEIS: *Wenn Sie sonnengetrocknete Tomaten verwenden, brauchen Sie nicht so viel Salz. Fangen Sie mit ¼ TL an und salzen Sie bei Bedarf nach.*

SERVIERVORSCHLÄGE: *Auf getoastetem Pumpernickel, Roggen- oder Vollkornbrot genießen oder zusammen mit Kopfsalat, Gurken- und Tomatenscheiben als Füllung für Pitabrote oder Salatblattwraps verwenden.*

PRO PORTION: 273 Kalorien, 17 g Protein, 44 g Kohlenhydrate, 4 g Zucker, 5 g Gesamtfettgehalt, 15 % Fettkalorien, 11 g Ballaststoffe, 685 mg Natrium

SUPPEN UND EINTÖPFE

SCHWARZE-BOHNEN-SUPPE MIT SÜSSKARTOFFELN

ERGIBT 4 PORTIONEN

Die Süßkartoffeln verleihen dieser unwiderstehlichen Suppe eine leichte Süße. Lassen Sie sich nicht von der Vielzahl der Zutaten einschüchtern – diese sorgen für ein wunderbar vielschichtiges Aroma. Außerdem ist diese Suppe schnell und einfach gemacht.

ZUTATEN

1 EL	Balsamicoessig
2-3	Zwiebeln, gehackt
1 ½	Paprika (Kombination aus rot und grün), gehackt
1 TL	Meersalz
+	frisch gemahlener schwarzer Pfeffer nach Geschmack
2 TL	Kreuzkümmelsamen
2 TL	getrockneter Oregano
¼ TL	Piment
¼ TL	Chiliflocken (oder nach Geschmack)
1-4 EL	+ 750 ml Wasser
4	Knoblauchzehen, fein gehackt oder gerieben
2 EL	Tomatenmark
2 EL	frisch gepresster Limettensaft
½–1 TL	Ahornsirup
3	Dosen (je 400 g) schwarze Bohnen, abgegossen und gespült
1	Lorbeerblatt
200 g	Süßkartoffeln, gewürfelt (oder Kartoffeln)
+	frisches Koriandergrün, gehackt (optional)
+	Limettenspalten (optional)

ZUBEREITUNG

1. Essig, Zwiebeln, Paprika, Salz, schwarzen Pfeffer, Kreuzkümmelsamen, Oregano, Piment und Chiliflocken in einen großen Topf auf mittlerer Flamme geben. 5 bis 7 Minuten schmoren, bis die Zwiebeln und die Paprika weich werden. 1 bis 2 EL Wasser einrühren, damit das Gemüse nicht anhängt.
2. Knoblauch hinzufügen und umrühren. Abdecken, Flamme etwas niedriger stellen und ein paar weitere Minuten köcheln lassen, bis der Knoblauch weich ist. Gegebenenfalls 1 bis 2 EL Wasser einrühren, damit nichts anhängt.
3. Wenn der Knoblauch weich ist, Tomatenmark, Limettensaft, ½ TL Sirup, drei Viertel der Bohnen und die restlichen 750 ml Wasser hinzufügen.
4. Die Suppe mit einem Pürierstab ziemlich glatt pürieren.
5. Lorbeerblatt und Süßkartoffelwürfel hineingeben. Flamme hochstellen und die Suppe zum Kochen bringen. Flamme herunterstellen und die Suppe 20 bis 30 Minuten köcheln lassen.

6. Die restlichen Bohnen einrühren.
7. Abschmecken und auf Wunsch den restlichen ½ TL Sirup einrühren. Ein paar weitere Minuten köcheln lassen und Flamme abstellen.
8. Suppe nach Geschmack nachwürzen, in Schüsseln anrichten und mit Koriandergrün und Limettenspalten garnieren (falls verwendet).

PRO PORTION: 368 Kalorien, 19 g Protein, 73 g Kohlenhydrate, 10 g Zucker, 2 g Gesamtfettgehalt, 4 % Fettkalorien, 24 g Ballaststoffe, 1.049 mg Natrium

SÜSSKARTOFFEL-CREMESUPPE MIT WEISSEN BOHNEN

ERGIBT 4 PORTIONEN

Diese Suppe ist kinderleicht, hat aber dank eines kleinen Tricks (in Balsamico sautiertes Gemüse) einen überraschend tiefgründigen und vielschichtigen Geschmack.

ZUTATEN

- 1½ EL Balsamicoessig
- 2 Zwiebeln, gehackt
- 1 rote Paprika, gehackt (geröstet oder frisch)
- 1¼ TL Meersalz + mehr nach Geschmack
- 1 TL getrockneter oder 2 TL frischer Rosmarin, grob gehackt
- 1 TL Paprikapulver (für einen intensiveren Geschmack gern auch geräuchertes Paprikapulver)
- \+ frisch gemahlener schwarzer Pfeffer nach Geschmack
- 400–450 g Süßkartoffeln, geschält und gewürfelt
- 1½–2 TL Dijonsenf
- 1 Liter Wasser
- 2 Dosen (je 400 g) weiße Bohnen, abgegossen und gespült

ZUBEREITUNG

1. Essig, Zwiebeln, rote Paprika, Salz, Rosmarin, Paprikapulver und schwarzen Pfeffer in einen großen Topf auf mittlerer Flamme geben. Abdecken, Flamme herunterstellen und 8 bis 9 Minuten schmoren, bis die Zwiebeln weich werden und karamellisieren.
2. Süßkartoffeln und Senf hinzufügen. 1 bis 2 EL Wasser zugeben und umrühren. Abdecken und einige Minuten köcheln lassen.
3. Restliches Wasser zugeben, umrühren und die Suppe zum Kochen bringen. Flamme herunterstellen, abdecken und die Suppe 15 bis 20 Minuten köcheln lassen, bis die Süßkartoffeln gar sind.
4. Flamme abstellen und die Hälfte der weißen Bohnen zugeben. Die Suppe mit einem Pürierstab cremig pürieren.
5. Restliche Bohnen einrühren, abdecken und weitere 5 bis 10 Minuten köcheln lassen.
6. Flamme abstellen und servieren.

PRO PORTION: 327 Kalorien, 17 g Protein, 65 g Kohlenhydrate, 12 g Zucker, 1 g Gesamtfettgehalt, 3 % Fettkalorien, 13 g Ballaststoffe, 1.044 mg Natrium

LINSEN-CHILI FÜR KARTOFFELFANS

ERGIBT 6 PORTIONEN

Randvoll mit herzhaften Linsen und zwei verschiedenen Kartoffelsorten – dieses Chili macht ordentlich satt!

ZUTATEN

- 1½ Zwiebeln, fein gehackt
- 2 große rote oder gelbe Kartoffeln, gewürfelt (keine mehligkochenden)
- 1 große oder 2 kleine Süßkartoffeln, gewürfelt (auch gefroren möglich)
- 3-4 große Knoblauchzehen, fein gehackt
- 1¼ TL Meersalz
- 1 EL Chilipulver
- 1 TL getrockneter Oregano
- 1 TL reguläres oder getrocknetes Paprikapulver
- 1 TL gemahlener Kreuzkümmel
- ½ TL Zimt
- 2 EL Datteln, entsteint und fein gehackt
- 2-5 EL + 875 ml Wasser
- 200 g getrocknete rote Linsen
- 200 g getrocknete grüne Linsen
- 1 große Dose (800 g) stückige Tomaten
- 2-3 EL frisch gepresster Limettensaft
- \+ Limettenspalten

ZUBEREITUNG

1. Zwiebeln, Kartoffeln, Süßkartoffeln, Knoblauch, Salz, Chilipulver, Oregano, Paprikapulver, Kreuzkümmel, Zimt, Datteln und 2 bis 3 EL Wasser in einen großen Topf auf mittlerer Flamme geben und umrühren. Abdecken und unter gelegentlichem Rühren 6 bis 8 Minuten schmoren. Wenn die Mischung anhängt, die Flamme herunterstellen und 1 bis 2 EL Wasser einrühren.
2. Rote und grüne Linsen spülen und zusammen mit den Tomaten und den restlichen 875 ml Wasser in den Topf geben. Umrühren und die Mischung zum Kochen bringen. Flamme herunterstellen und das Chili 40 weitere Minuten köcheln, bis die grünen Linsen weich sind.
3. Limettensaft (je nach Geschmack) unterrühren und mit Limettenspalten garniert servieren.

PRO PORTION: 337 Kalorien, 19 g Protein, 66 g Kohlenhydrate, 11 g Zucker, 2 g Gesamtfettgehalt, 4 % Fettkalorien, 17 g Ballaststoffe, 698 mg Natrium

THAILÄNDISCHER MAIS-SÜSSKARTOFFEL-EINTOPF

ERGIBT 4 PORTIONEN

Unkompliziert und leicht scharf – dieser leckere Eintopf vertreibt jeden Winterblues! Er lässt sich auch gut mit braunem Reis und Gebackenem Tamari-Tofu kombinieren (Seite 187).

ZUTATEN

160 ml	fettarme Kokosmilch
1	Zwiebel, gehackt
1	kleine Selleriestange, gehackt
1	große Süßkartoffel, geschält und gewürfelt
¾–1 TL	Meersalz
500 ml	Wasser
1½ EL	gelbe oder rote Thai-Currypaste
280 g	gefrorene Maiskörner
1½	rote Paprika, gehackt
1	Packung (400 g) Tofu, gewürfelt, oder 1 Dose (400 g) schwarze Bohnen, abgegossen und gespült
2½ EL	frisch gepresster Limettensaft
4-5	Handvoll Babyspinat
5-8 EL	frisches Koriandergrün oder Thai-Basilikum, gehackt
+	Limettenspalten (optional)

ZUBEREITUNG

1. 2 EL Kokosmilch in einem großen Topf auf hoher Flamme erhitzen.
2. Zwiebel, Sellerie, Süßkartoffel und einen ¾ TL Salz hineingeben und 4 bis 5 Minuten sautieren.
3. Wasser, Currypaste und restliche Kokosmilch einrühren. Flamme hochstellen und Suppe zum Kochen bringen. Abdecken und Flamme herunterstellen. Die Suppe 8 bis 10 Minuten köcheln lassen, bis die Süßkartoffeln weich sind.
4. Flamme abstellen und Suppenbasis mit dem Pürierstab pürieren.
5. Maiskörner, Paprika und Tofu oder Bohnen hinzufügen und Flamme niedrig stellen. Abdecken und 3 bis 4 Minuten köcheln, bis die Suppe gut durchgewärmt ist.
6. Limettensaft, Spinat, Koriandergrün oder Thai-Basilikum zugeben und umrühren, bis der Spinat zusammenfällt.
7. Abschmecken und auf Wunsch mit dem restlichen ¼ TL Salz nachwürzen.
8. Mit Limettenspalten garnieren (falls verwendet) und servieren.

PRO PORTION: 223 Kalorien, 10 g Protein, 36 g Kohlenhydrate, 11 g Zucker, 7 g Gesamtfettgehalt, 26 % Fettkalorien, 6 g Ballaststoffe, 723 mg Natrium

KRÄFTIGER PURPURROTER BOHNENEINTOPF

ERGIBT 4 PORTIONEN

Das ist einer dieser Eintöpfe, die Sie sich immer wieder kochen werden. Er ist schnell gemacht, sehr nahrhaft und zu jeder Jahreszeit einfach köstlich.

ZUTATEN

- 1 rote Zwiebel, gehackt
- 2 TL getrockneter Oregano
- 1 TL getrockneter Rosmarin
- 1 TL Dijonsenf
- \+ frisch gemahlener schwarzer Pfeffer nach Geschmack
- 2 EL + 625 ml Wasser
- 2 große gelbe oder rote Kartoffeln, gewürfelt
- 100 g getrocknete schwarze Beluga- oder französische Linsen (oder grüne oder braune Linsen)
- 100 g brauner oder roter Reis (oder Quinoa)
- 3 Knoblauchzehen, fein gehackt oder gerieben
- 1 große Dose (800 g) stückige Tomaten (siehe Tomaten-Hinweis)
- 1 Dose (400 g) Adzuki-, Kidney- oder schwarze Bohnen, abgegossen und gespült
- 1-1 ½ rote Paprika, gehackt (siehe Rote-Paprika-Hinweis)
- 2 EL vegane Worcestershire-Soße
- ¼ TL Meersalz

ZUBEREITUNG

1. Einen Instant Pot auf Sautieren einstellen und Zwiebel, Oregano, Rosmarin, Senf, schwarzen Pfeffer und 2 EL Wasser hineingeben. 3 bis 4 Minuten köcheln lassen.
2. Sautierfunktion abstellen und Kartoffeln, Linsen, Reis, Knoblauch, Tomaten, Bohnen und restliche 625 ml Wasser einrühren. 15 Minuten auf Schnellkochstufe garen lassen.
3. Danach den Druck manuell oder natürlich entweichen lassen. Rote Paprika, Worcestershire-Soße und Salz einrühren. Deckel auf den Topf setzen und den Eintopf 5 bis 8 Minuten ziehen lassen.
4. Abschmecken, nach Geschmack nachwürzen und servieren.
5. OHNE INSTANT POT: Zwiebel, Oregano, Rosmarin, Senf, schwarzen Pfeffer und 2 EL Wasser in einen großen Topf auf mittlerer Flamme geben. Die Zutaten 4 bis 5 Minuten sautieren.
6. Kartoffeln, Linsen, Reis, Knoblauch, Tomaten, Bohnen und restliche 625 ml Wasser hinzufügen. Flamme hochstellen und Eintopf zum Kochen bringen. Flamme herunterstellen und den Eintopf 30 bis 35 Minuten köcheln lassen, bis der Reis richtig gar ist.

7. Rote Paprika, Worcestershire-Soße und Salz einrühren. Eintopf weitere 5 Minuten köcheln, bis die Paprika weich, aber noch bissfest ist.
8. Abschmecken, auf Wunsch nachwürzen und servieren.

TOMATEN-HINWEIS: *Wenn Sie den Eintopf etwas cremiger mögen oder nur ganze oder gewürfelte Tomaten zur Hand haben, können Sie diese vor dem Verwenden auch direkt in der großen Dose mit einem Pürierstab pürieren. Gießen Sie dafür einen Teil des Safts in ein Glas (zum späteren Verwenden im Eintopf) und pürieren Sie die Tomaten glatt.*

ROTE-PAPRIKA-HINWEIS: *Wenn Sie die Paprikas erst später hinzufügen, behalten sie einen schönen Biss. Wenn Sie sie weicher mögen, können Sie sie auch früher zusammen mit den Tomaten und Bohnen zum Eintopf geben.*

PRO PORTION: 596 Kalorien, 29 g Protein, 120 g Kohlenhydrate, 11 g Zucker, 2 g Gesamtfettgehalt, 3 % Fettkalorien, 28 g Ballaststoffe, 523 mg Natrium

SUPPE AUS GERÖSTETEN TOMATEN UND SÜSSKARTOFFELN

ERGIBT 4 PORTIONEN

Lassen Sie bei diesem Rezept den Ofen den Großteil der Arbeit erledigen! Danach müssen Sie die Suppe nur noch pürieren – et voilà, sie ist bereit zum Genießen!

ZUTATEN

1	große Zwiebel, geviertelt
550 g	Süßkartoffeln, gewürfelt
850 g	Roma- oder andere Tomaten, geviertelt, Saft herausgepresst
1 ½ TL	getrocknetes Basilikum
1 ½ TL	getrockneter Oregano
1 EL	Balsamicoessig
1 TL	Melasse
+	frisch gemahlener schwarzer Pfeffer nach Geschmack
1 ⅛ TL	Meersalz
540–600 ml	Wasser
4 EL	frisches Basilikum, gehackt (optional)

ZUBEREITUNG

1. Ofen auf 230 °C vorheizen. Zwiebel, Süßkartoffeln, Tomaten, Basilikum, Oregano, Essig, Melasse, Pfeffer und 1 TL Salz in eine große Auflaufform geben, vermischen und 40 bis 50 Minuten im Ofen rösten. Zwischendurch immer wieder umrühren. So lange rösten, bis die Süßkartoffeln weich sind und die Mischung karamellisiert.
2. Mischung mitsamt entstandenem Saft in einen mittelgroßen Topf geben. 540 ml Wasser und den restlichen 1/8 TL Salz hinzufügen, umrühren und mit einem Pürierstab glatt pürieren. (Alternativ alles in einen Mixer geben und glatt pürieren.) Pürieren, bis die gewünschte Konsistenz erreicht ist. Bei Bedarf die restlichen 60 ml Wasser hinzufügen.
3. Frisches Basilikum einrühren (falls verwendet) und servieren.

SERVIERVORSCHLAG: *Für eine sämige, herzhaft sättigende Suppe ½ bis 1 Tasse gekochten Reis zugeben und glatt pürieren.*

VORSCHLAG: *Suppenreste lassen sich wunderbar als Pastasoße verwenden!*

PRO PORTION: 152 Kalorien, 4 g Protein, 35 g Kohlenhydrate, 14 g Zucker, 0,4 g Gesamtfettgehalt, 2 % Fettkalorien, 5 g Ballaststoffe, 648 mg Natrium

BLUMENKOHL-CHILI

ERGIBT 5 PORTIONEN

Die Karotten und der Blumenkohl verleihen diesem Chili eine tolle Konsistenz und einen großartigen Geschmack.

ZUTATEN

- 350 g Karotten, in dicke Scheiben geschnitten
- ½ großer oder 1 kleiner Blumenkohl
- 4 oder 5 Knoblauchzehen, fein gehackt
- 1 EL Balsamicoessig
- 2 Zwiebeln, gewürfelt
- 1 TL Meersalz
- 1 ½ EL mildes Chilipulver
- 1 EL Kakaopulver
- 2 TL Kreuzkümmel, gemahlen
- 1 Messerspitze Piment
- ¼ TL Chiliflocken (oder nach Geschmack)
- 1 große Dose (800 g) stückige Tomaten
- 1 Dose (400 g) Pintobohnen, abgegossen und gespült
- 1 Dose (400 g) Kidneybohnen oder schwarze Bohnen, abgegossen und gespült
- 125 ml Wasser
- \+ Limettenspalten

ZUBEREITUNG

1. Karotten, Blumenkohl und Knoblauch in eine Küchenmaschine geben und fein häckseln. (Oder das Gemüse alternativ mit einem Messer fein hacken.)
2. Essig, Zwiebeln, Salz, Chili- und Kakaopulver, Kreuzkümmel, Piment und Chiliflocken in einen großen Topf auf mittlerer Flamme geben. 3 bis 4 Minuten unter gelegentlichem Rühren köcheln.
3. Gehäckselte Karotten, Blumenkohl und Knoblauch zugeben und 5 bis 6 weitere Minuten unter gelegentlichem Umrühren köcheln.
4. Tomaten, Pinto- und Kidneybohnen sowie Wasser einrühren. Flamme hochstellen und Suppe zum Kochen bringen. Flamme niedrigstellen, Topf abdecken und Suppe 25 Minuten köcheln lassen.
5. Abschmecken und auf Wunsch nachwürzen.
6. Anrichten, mit Limettenspalten garnieren und servieren.

PRO PORTION: 237 Kalorien, 13 g Protein, 45 g Kohlenhydrate, 13 g Zucker, 3 g Gesamtfettgehalt, 10 % Fettkalorien, 15 g Ballaststoffe, 1,036 mg Natrium

GRIECHISCHE LINSEN-WEISSE-BOHNEN-SUPPE MIT OLIVEN-TOMATEN-GREMOLATA

ERGIBT 5 PORTIONEN

Diese Suppe kombiniert den herzhaften Geschmack von Bohnen und Linsen mit feinen aromatischen Gewürzen.

ZUTATEN

GREMOLATA (SIEHE GREMOLATA-HINWEIS)

1 TL	Zitronenabrieb
2-3 EL	frische Petersilie, fein gehackt, oder 1-2 EL frische Minze, fein gehackt
2 EL	Kalamata- oder in Salz eingelegte Oliven, fein gehackt
3-4 EL	Tomaten, fein gehackt

SUPPE

2	Zwiebeln, gehackt
½	Selleriestange, gehackt
4 TL	getrockneter Oregano
½ TL	Piment
1	Messerspitze Zimt
1 ¼ TL	Meersalz
+	frisch gemahlener schwarzer Pfeffer
3 EL	+ 1 Liter Wasser
200 g	getrocknete rote Linsen
600 g	gekochte weiße Bohnen
1	mittelgroße oder große Knoblauchzehe (siehe Knoblauch-Hinweis)
60 ml	frisch gepresster Zitronensaft
½–1 TL	Zitronenabrieb

ZUBEREITUNG

1. FÜR DIE GREMOLATA: Zitronenabrieb, Petersilie oder Minze, Oliven und Tomaten in einer kleinen Schüssel gut vermischen und beiseitestellen.
2. FÜR DIE SUPPE: Zwiebeln, Sellerie, Oregano, Piment, Zimt, Salz, Pfeffer und 3 EL Wasser in einen Suppentopf auf mittlerer bis hoher Flamme geben. Umrühren, abdecken und 5 bis 6 Minuten unter einmaligem Umrühren köcheln lassen.
3. Linsen, 400 g weiße Bohnen und den restlichen Liter Wasser einrühren. Flamme hochstellen und Suppe zum Kochen bringen. Flamme niedrig stellen, Topf abdecken und Suppe 20 Minuten köcheln lassen.
4. Flamme abstellen und die Suppe mit einem Pürierstab glatt pürieren.

5. Die restlichen 200 g weiße Bohnen einrühren und den Knoblauch mit einer feinen Reibe in die Suppe reiben.
6. Zitronensaft und-abrieb einrühren.
7. Abschmecken und auf Wunsch mit Salz und Pfeffer nachwürzen.
8. Jede Portion mit ein paar TL Gremolata garnieren und servieren.

GREMOLATA-HINWEIS: *Wenn Sie keine Gremolata verwenden möchten, können Sie auch ein paar TL Hefeflocken über die Suppe streuen.*

KNOBLAUCH-HINWEIS: *Wenn Sie den Knoblauch lieber gekocht und nicht roh mögen, geben Sie ihn am Anfang zusammen mit den Zwiebeln und dem Sellerie in den Topf. Passen Sie auf, dass er nicht anbrennt. Sie können dann auch gern 2 Zehen verwenden, weil der Geschmack durch das Kochen weniger intensiv ist.*

PRO PORTION: 304 Kalorien, 21 g Protein, 55 g Kohlenhydrate, 4 g Zucker, 1 g Gesamtfettgehalt, 4 % Fettkalorien, 14 g Ballaststoffe, 957 mg Natrium

GEMÜSE-ALLERLEI

ERGIBT 4 PORTIONEN

Dieser Eintopf macht aus ein paar einfachen Zutaten eine einfache, leckere und nahrhafte Mahlzeit.

ZUTATEN

- 3 EL Wasser
- 2 Zwiebeln, grob gehackt
- 250–320 g Blumenkohlröschen (siehe Blumenkohl-Hinweis)
- 2 Karotten, in dicke Scheiben geschnitten
- 1 TL getrockneter Thymian
- 1 TL getrocknetes Bohnenkraut oder Rosmarin (oder ½ TL von beidem)
- 1 TL Senfsamen
- ½ TL Dillsamen (optional)
- ¼ TL Meersalz
- 3 EL Dinkel- oder anderes Mehl
- 480 ml Gemüsebrühe
- 420 g Kartoffeln, gewürfelt (oder Süßkartoffeln)
- 1 Dose (400 g) Kidneybohnen, abgegossen und gespült (siehe Kidneybohnen-Hinweis)
- 360 ml fettarme Pflanzenmilch
- 120 g grüne Bohnen, gehackt, oder gefrorene grüne Erbsen
- 2 EL Hefeflocken (optional)
- \+ Pfeffer zum Abschmecken

ZUBEREITUNG

1. Wasser, Zwiebeln, Blumenkohl, Karotten, Thymian, Bohnenkraut oder Rosmarin, Senfsamen, Dillsamen (falls verwendet), Pfeffer und Salz in einen großen Topf auf mittlerer Flamme geben. Unter gelegentlichem Rühren 3 bis 4 Minuten schmoren.
2. Mehl einquirlen und unter regelmäßigem Rühren ein paar weitere Minuten köcheln lassen, bis sich der rohe Mehlgeschmack verflüchtigt.
3. Bei Bedarf einen Spritzer Gemüsebrühe einrühren, damit nichts anhängt. Nach und nach die restliche Gemüsebrühe einrühren. Mit ¼ bis ½ Tasse beginnen und gleichmäßig unter die Mehlmischung rühren, damit sich alles gut verbindet und eindickt. Die Mischung blubbern lassen und nach und nach die restliche Gemüsebrühe einrühren.
4. Kartoffeln und Bohnen hinzufügen. Eintopf zum Kochen bringen, abdecken und weitere 15 Minuten köcheln lassen, bis die Kartoffeln beim Einstechen weich sind.
5. Pflanzenmilch, grüne Bohnen oder Erbsen und Hefeflocken (falls verwendet) unterrühren. Eintopf 4 bis 5 Minuten durchwärmen.
6. Anrichten und servieren.

BLUMENKOHL-HINWEIS: *Sie haben keinen Blumenkohl zur Hand? Ersetzen Sie ihn einfach mit in dicke Stücke geschnittenem Sellerie, Pastinaken oder Rüben.*

KIDNEYBOHNEN HINWEIS: *Kidneybohnen bringen eine tolle Farbe in diesen Eintopf. Sie können sie auf Wunsch aber auch mit Cannellini- oder schwarzen Bohnen ersetzen.*

PRO PORTION: 250 Kalorien, 10 g Protein, 51 g Kohlenhydrate, 11 g Zucker, 2 g Gesamtfettgehalt, 6 % Fettkalorien, 9 g Ballaststoffe, 558 mg Natrium

GOLDENE LINSEN-ERBSEN-SUPPE

ERGIBT 6 PORTIONEN

So eine Erbsensuppe haben Sie bestimmt noch nie probiert! Die roten Linsen und die Süßkartoffeln machen sie besonders leicht. Fügen Sie am Ende unbedingt den Apfelessig hinzu – er rundet die Suppe wunderbar ab!

ZUTATEN

1	große Zwiebel, gewürfelt
2	Selleriestangen, gehackt
1 EL	geräuchertes Paprikapulver
1 TL	getrockneter Rosmarin
1 TL	Kreuzkümmel, gemahlen
¼ TL	Piment
¼ TL	Meersalz
2-3 EL	+ 1 Liter Wasser
550 g	Süßkartoffeln, gewürfelt (oder 300 g Süßkartoffeln und 250 g gehackte Karotten)
300 g	getrocknete rote Linsen
250 g	getrocknete gelbe Spalterbsen
480 ml	Gemüsebrühe
1 ½ EL	Apfelessig
+	Pfeffer zum Abschmecken

ZUBEREITUNG

1. Zwiebel, Sellerie, Paprikapulver, Rosmarin, Kreuzkümmel, Piment, Salz und 2 bis 3 EL Wasser in einen großen Topf auf mittlerer Flamme geben und verrühren. 8 bis 9 Minuten köcheln lassen.
2. Süßkartoffeln, Linsen, Spalterbsen, Gemüsebrühe und den restlichen Liter Wasser einrühren. Flamme hochstellen und Suppe zum Kochen bringen. Flamme niedrig stellen, Topf abdecken und Suppe 40 bis 45 Minuten köcheln lassen, bis die Erbsen richtig weich sind.
3. Apfelessig unterrühren und auf Wunsch mit Salz und Pfeffer nachwürzen.
4. Anrichten und servieren.

PRO PORTION: 340 Kalorien, 21 g Protein, 64 g Kohlenhydrate, 8 g Zucker, 1 g Gesamtfettgehalt, 3 % Fettkalorien, 20 g Ballaststoffe, 363 mg Natrium

LINSEN-MINESTRONE

ERGIBT 5 PORTIONEN

Diese köstliche Minestrone ist nicht nur gesund, sondern macht dank ihrer vielen Zutaten – Gemüse, Bohnen und Vollkornpasta – auch richtig satt.

ZUTATEN

3 EL	Weißwein oder 1-2 EL Wasser
1	große Zwiebel, gewürfelt
1	große Karotte, gewürfelt
½	Zucchini, gewürfelt (oder 1 Selleriestange, gewürfelt)
3	große Knoblauchzehen, fein gehackt
2 TL	getrockneter Oregano
1 TL	getrocknetes Basilikum
½ TL	Fenchelsamen
1 TL	Meersalz
1	großes Glas (690 g) passierte Tomaten (oder eine 800-g-Dose stückige Tomaten)
100 g	getrocknete grüne Linsen
1	Dose (400 g) Kidneybohnen, abgegossen und gespült
750 ml	Wasser
1	frisches oder getrocknetes Lorbeerblatt
1	Tasse (Volumen 250 ml) trockene Pasta (wie Penne, Spirelli oder Makkaroni)
120 g	frische oder gefrorene grüne Bohnen
½–1 TL	Ahornsirup (optional)

ZUBEREITUNG

1. Wein oder Wasser, Zwiebel, Karotten, Zucchini, Knoblauch, Oregano, Basilikum, Fenchelsamen und Salz in einen großen Topf auf mittlerer bis hoher Flamme geben. Umrühren und 4 bis 5 Minuten köcheln. Wenn das Gemüse anhängt, umrühren und die Flamme herunter stellen.
2. Tomaten, Linsen, Bohnen, Wasser und Lorbeerblatt hinzufügen und Suppe zum Kochen bringen. Flamme niedrig stellen, Topf abdecken und Suppe 30 Minuten köcheln lassen.
3. Pasta hinzufügen und weitere 5 Minuten köcheln lassen.
4. Grüne Bohnen hinzufügen und weitere 3 bis 5 Minuten köcheln, bis die Pasta weich ist und die Bohnen gar, aber noch bissfest sind.
5. Abschmecken und nach Geschmack mit Sirup (falls verwendet) abrunden.
6. Anrichten und servieren.

PRO PORTION: 386 Kalorien, 20 g Protein, 72 g Kohlenhydrate, 11 g Zucker, 3 g Gesamtfettgehalt, 6 % Fettkalorien, 15 g Ballaststoffe, 960 mg Natrium

BLUMENKOHL-BOHNEN-CURRYSUPPE

ERGIBT 8 PORTIONEN

Diese Suppe ist unkompliziert und köstlich. Machen Sie am besten gleich mehr davon – sie schmeckt am nächsten Tag noch aromatischer!

ZUTATEN

- 2 Zwiebeln, gehackt
- 300 g Karotten oder Süßkartoffeln, gehackt
- 1 ½ EL Currypulver (oder nach Geschmack; wenn Sie Curry mögen, gern auch mehr)
- 1 ¼ TL Meersalz
- \+ frisch gemahlener schwarzer Pfeffer nach Geschmack
- 1 TL Senfsamen
- 1 TL Kreuzkümmel, gemahlen
- 1 TL Kurkuma, gemahlen
- ¼ TL Kardamom, gemahlen
- 1 Messerspitze Zimt
- 4-5 EL + 1 Liter Wasser
- 550–650 g Blumenkohlröschen
- 1 Dose (400 g) Kichererbsen, abgegossen und gespült
- 1 Dose (400 g) Adzuki- oder schwarze Bohnen, abgegossen und gespült
- 200 g getrocknete rote Linsen
- 1 Dose (800 g) stückige Tomaten (siehe Hinweis)
- 1 EL frischer Ingwer, gerieben
- 1-2 TL Ahornsirup (optional)

ZUBEREITUNG

1. Zwiebeln, Karotten oder Süßkartoffeln, Currypulver, Salz, Pfeffer, Senfsamen, Kreuzkümmel, Kurkuma, Kardamom, Zimt und 3 EL Wasser in einen großen Topf auf mittlerer bis hoher Flamme geben. Umrühren, Topf abdecken und Mischung unter gelegentlichem Rühren 4 bis 5 Minuten schmoren. (Damit das Gemüse und die Gewürze nicht anhängen, bei Bedarf 1 bis 2 weitere EL Wasser einrühren.)
2. Blumenkohl, Kichererbsen, Bohnen, Linsen, Tomaten und restlichen Liter Wasser hinzufügen. Umrühren, Flamme hochstellen und Suppe zum Kochen bringen. Flamme niedrig stellen, Topf abdecken und Suppe 15 bis 20 weitere Minuten köcheln lassen.
3. Ingwer und Sirup (falls verwendet) einrühren. Nach Geschmack nachwürzen, anrichten und servieren.

HINWEIS: *Wenn Sie nur ganze oder stückige Tomaten haben, pürieren Sie sie in einem Mixer oder mit einem Pürierstab direkt im Topf. Gießen Sie dafür etwas von der Flüssigkeit ab und geben Sie diese später zur Suppe. Pürieren Sie die Tomaten dann im Mixer oder mit dem Pürierstab glatt.*

PRO PORTION: 226 Kalorien, 14 g Protein, 42 g Kohlenhydrate, 7 g Zucker, 2 g Gesamtfettgehalt, 8 % Fettkalorien, 13 g Ballaststoffe, 577 mg Natrium

JAMAIKANISCHER EINTOPF

ERGIBT 4 PORTIONEN

Das Geheimnis dieses sättigenden Eintopfs sind seine aromatische Gewürzkombination und seine erfrischende Limettennote. Einfach köstlich!

ZUTATEN

- 2 Zwiebeln, gehackt
- 450–600 g Kochbananen, gewürfelt (siehe Hinweis; oder Süßkartoffeln)
- 1 ¼ TL Meersalz
- 1 ½ TL Koriander, gemahlen
- ½ TL Kreuzkümmel, gemahlen
- ½ TL Kurkuma, gemahlen
- 1 TL getrockneter Thymian
- ½ TL Piment, gemahlen
- ¼ TL Chiliflocken (oder nach Geschmack)
- 1 kleine Dose (160 ml) fettarme Kokosmilch
- 840 ml Wasser
- 2 Dosen (je 400 g) schwarze Bohnen oder Adzukibohnen, abgegossen und gespült
- 400 g Blumenkohlröschen
- 2 EL frischer Ingwer, gerieben
- 3 EL frisch gepresster Limettensaft
- 3 Handvoll Babyspinat
- 4 EL frisches Koriandergrün, gehackt (optional)
- \+ Limettenspalten zum Garnieren

ZUBEREITUNG

1. Zwiebeln, Kochbananen, Salz, Koriander, Kreuzkümmel, Kurkuma, Thymian, Piment, Chiliflocken und ein paar EL Kokosmilch in einen großen Topf auf mittlerer bis hoher Flamme geben. Unter gelegentlichem Rühren 6 bis 7 Minuten köcheln lassen.
2. Wasser, Bohnen, Blumenkohl, Ingwer und restliche Kokosmilch hinzufügen. Flamme hochstellen und Mischung zum Kochen bringen. Flamme niedrig stellen, Topf abdecken und Mischung 12 bis 15 Minuten köcheln, bis die Kochbananen richtig gar sind.
3. Limettensaft, Spinat und Koriandergrün (falls verwendet) einrühren und kurz köcheln, bis der Spinat zusammenfällt.
4. In Schüsseln oder Suppentellern anrichten, mit Limettenspalten garnieren und sofort servieren.

HINWEIS: *Wenn die Kochbananen nicht ganz reif (und noch etwas grün) sind, schmecken sie weniger süß und eher wie eine Kreuzung aus Kartoffel und Süßkartoffel. Verwenden Sie in diesem Rezept Kochbananen, die reif, aber nicht zu reif (zu braun) sind. Auch wenn sie wie Bananen aussehen, lassen sie sich nicht einfach schälen. Schneiden Sie stattdessen die Enden ab, lösen Sie die Schale mit einem Messer oder den Fingern von der Frucht und ziehen Sie sie dann ab.*

PRO PORTION: 426 Kalorien, 16 g Protein, 88 g Kohlenhydrate, 22 g Zucker, 5 g Gesamtfettgehalt, 9 % Fettkalorien, 22 g Ballaststoffe, 1.053 mg Natrium

HAUPTGERICHTE

MARINARA-SOSSE

ERGIBT 5 PORTIONEN (1,2 BIS 1,4 LITER)

Marinara-Soße selbst zu kochen ist überraschend einfach – vor allem, wenn Sie dafür einen Schnellkochtopf oder einen Instant Pot verwenden.

ZUTATEN

- 2 EL Rot- oder Weißwein
- 3 Zwiebeln, gehackt
- 1 Karotte, gewürfelt
- 1 TL Meersalz
- \+ ein paar Prisen frisch gemahlener schwarzer Pfeffer (oder auf Wunsch mehr)
- 6-7 Knoblauchzehen, fein gehackt
- 1,5 kg reife Tomaten, gehackt
- 2-3 Datteln, entsteint und in Scheiben geschnitten (circa 1 ½ EL)
- ½ Handvoll frisches Basilikum (oder 2 EL frischer Oregano, gehackt)

ZUBEREITUNG

1. SCHNELLKOCHTOPF-VARIANTE: Wein, Zwiebeln, Karotte, Salz und Pfeffer in einen großen Topf auf hoher Flamme geben. Umrühren und 4 bis 5 Minuten schmoren lassen.
2. Knoblauch, Tomaten, Datteln und Basilikum hinzufügen. Unter regelmäßigem Rühren zum Kochen bringen. Flamme niedrig stellen, Topf abdecken und Soße 40 Minuten köcheln lassen.
3. Mit einem Pürierstab im Topf pürieren, bis die gewünschte Konsistenz erreicht ist.
4. Abschmecken und auf Wunsch mit Salz und Pfeffer nachwürzen.
5. INSTANT-POT-VARIANTE: Instant Pot auf Sautieren einstellen und Wein, Zwiebeln, Karotte, Salz und Pfeffer hineingeben. 3 bis 4 Minuten unter gelegentlichem Umrühren schmoren lassen.
6. Sautierfunktion abstellen. Knoblauch, Tomaten, Datteln und Basilikum hinzufügen und den Instant Pot auf 20 Minuten Druckgaren einstellen. Den Druck danach manuell entweichen lassen.
7. Die Soße mit einem Pürierstab so lange pürieren, bis sie die gewünschte Konsistenz hat.
8. Abschmecken und auf Wunsch mit Salz und Pfeffer nachwürzen.
9. Je mit Pasta Ihrer Wahl servieren. (Probieren Sie die Soße doch gleich im nächsten Rezept *Marinara-Pasta mit Artischocken und Oliven* aus.)

PRO PORTION: 98 Kalorien, 4 g Protein, 21 g Kohlenhydrate, 11 g Zucker, 0,5 g Gesamtfettgehalt, 4 % Fettkalorien, 3 g Ballaststoffe, 505 mg Natrium

MARINARA-PASTA MIT ARTISCHOCKEN UND OLIVEN

ERGIBT 5 PORTIONEN

Wenn Sie die Marinara-Soße schon zubereitet haben, ist dieses Gericht in Minuten fertig!

ZUTATEN

- 700 g trockene Pasta
- 1,2 Liter Marinara-Soße (siehe Hinweis)
- 500 g Artischockenherzen, gehackt (gefroren oder aus dem Glas, nicht in Öl mariniert)
- 8 EL Kalamata-Oliven, in Scheiben geschnitten
- ¼ TL Meersalz (oder nach Geschmack)
- + ein paar Prisen frisch gemahlener schwarzer Pfeffer (oder nach Geschmack)
- ½ Handvoll frisches Basilikum, in feine Streifen geschnitten

ZUBEREITUNG

1. Pasta gemäß Packungsangaben kochen.
2. Abgießen, aber nicht kalt abschrecken. Zurück in den Topf auf niedriger Flamme geben.
3. Marinara-Soße, Artischockenherzen, Oliven und Salz und Pfeffer nach Geschmack hinzufügen. Vorsichtig umrühren und alles gut durchwärmen.
4. Basilikum unterheben, auf Tellern anrichten und servieren.
5. Auf Wunsch mit Salz und Pfeffer nachwürzen.

HINWEIS: *Wenn Sie Ihre Pasta mit reichlich Soße lieben, verwenden Sie die gesamte Menge. Sie können aber zunächst auch weniger zugeben und später mehr hinzufügen.*

VORSCHLAG: *Verwenden Sie statt Oliven gehackte sonnengetrocknete Tomaten. Statt (oder zusätzlich zu) Artischockenherzen können Sie es auch mit gehackter gerösteter Paprika oder gehacktem geröstetem Blumenkohl probieren.*

PRO PORTION (EINSCHLIESSLICH MARINARA-SOSSE):
741 Kalorien, 27 g Protein, 146 g Kohlenhydrate, 14 g Zucker, 6 g Gesamtfettgehalt, 6 % Fettkalorien, 16 g Ballaststoffe, 911 mg Natrium

ZÜNFTIGE LASAGNE

ERGIBT 6 PORTIONEN

Das ist in der Tat eine richtig zünftige Lasagne! Käse braucht sie nicht – sie ist auch so einfach köstlich!

ZUTATEN

- 500 g Portobello-Pilze (Riesenchampignons, 5 oder 6 Stück) oder braune oder weiße Champignons
- 1 EL Balsamicoessig
- ½ EL Tamari-Soße
- 1 TL Dijonsenf
- ¼ TL geräuchertes Paprikapulver
- \+ ein paar Prisen Zitronenpfeffer oder frisch gemahlener schwarzer Pfeffer (nach Geschmack mehr)
- 1,25 l hochwertige, salzarme Pastasoße
- 1,5 Packungen (375 g) Lasagneblätter (ohne Vorkochen; siehe Hinweis)
- \+ *Warmer Süßkartoffeldip mit Käsenote* (Seite 68, gesamte Menge)
- 1 EL frischer Thymian, gehackt

ZUBEREITUNG

1. Ofengrill vorheizen. Ein Backblech mit Backpapier auslegen.
2. Die Pilze mit einem feuchten Papierküchentuch säubern. Bei den Riesenchampignons die Lamellen aus der Unterseite der Hüte entfernen. Pilze in Scheiben schneiden.
3. Balsamicoessig, Tamari-Soße, Senf, Paprikapulver und Pfeffer in einer großen Schüssel verquirlen.
4. Pilze hineingeben und mit der Marinade überziehen.
5. Pilze auf das Backblech legen und 7 bis 9 Minuten im Ofen grillen, bis sie etwas schrumpfen und Farbe bekommen.
6. Pilze aus dem Ofen nehmen und abkühlen lassen. Währenddessen die Lasagne vorbereiten.
7. Ofen auf 190 °C vorheizen.
8. 250 ml Pastasoße auf dem Boden einer Auflaufform (circa 23 × 33 cm) verteilen. 3 oder 4 Lasagneblätter längs hineinlegen.
9. Ungefähr die Hälfte des Süßkartoffeldips auf die Blätter streichen. 4 oder 5 weitere Lasagneblätter quer darüber schichten. (Blätter eventuell zerbrechen, damit sie hineinpassen.)
10. Circa 325 ml der Soße darauf verteilen und glatt streichen. Pilze darauf legen und Thymian über die Pilze streuen. 4 bis 5 Lasagneblätter längs darüber schichten.

11. Restliche Pastasoße darauf geben und glatt streichen. Den Rest des Süßkartoffeldips gleichmäßig darüber verteilen.
12. Die Form mit Aluminiumfolie abdecken. 50 bis 55 im Ofen backen, bis die Nudeln gar sind und sich leicht einstechen lassen.
13. Aus dem Ofen nehmen und vor dem Anschneiden und Servieren 10 Minuten abkühlen lassen.

HINWEIS: *Mit Pastablättern, die nicht vorgekocht werden müssen, lässt sich die Lasagne wesentlich einfacher zubereiten. Sie brauchen aber etwas mehr Soße, damit die Blätter beim Backen auch weich werden. Wenn Sie Lasagneblätter verwenden, die vorgekocht werden müssen, kochen Sie sie al dente und gießen Sie sie gut ab, bevor Sie sie in die Form geben.*

PRO PORTION: 459 Kalorien, 16 g Protein, 80 g Kohlenhydrate, 18 g Zucker, 8 g Gesamtfettgehalt, 16 % Fettkalorien, 10 g Ballaststoffe, 463 mg Natrium

POWER-PILZ-BURGER

ERGIBT 4 PORTIONEN

Portobello-Pilze sind eine großartige Veggie-Burger-Zutat. Sie haben eine fleischähnliche Konsistenz, nehmen wunderbar Aromen auf und lassen sich schnell und einfach zubereiten.

ZUTATEN

- 2 EL Balsamicoessig
- 1 EL Ketchup (naturbelassen)
- 1 EL vegane Worcestershire-Soße
- 1 TL Dijonsenf
- ½ TL Knoblauchpulver
- ½ TL getrockneter Oregano
- 8 mittelgroße Portobello-Pilze
- 1 Prise Meersalz (optional)
- 1 Prise frisch gemahlener schwarzer Pfeffer (optional)

+ Serviervorschlag (optional): in Vollkornbrötchen mit Würzsoßen Ihrer Wahl (Ketchup, Senf, Barbecue-Soße)
+ Aufstriche: *Grün-vor-Neid-Guacamole* (Seite 73) oder *Avocado-Hummus* (Seite 69)

ZUBEREITUNG

1. Essig, Ketchup, Worcestershire-Soße, Senf, Knoblauchpulver und Oregano in einer großen Schüssel verquirlen.
2. Pilzstiele von den Hüten entfernen und die Hüte vorsichtig mit einem feuchten Papierküchentuch säubern. Die Lamellen an den Unterseiten der Hüte mit einem Löffel entfernen und wegwerfen. Pilzhüte in die Marinade geben und vorsichtig darin wenden, bis sie damit überzogen sind. Bei genügend Zeit die Pilze 30 Minuten oder länger marinieren.
3. Den Grill auf hohe oder mittelhohe Stufe stellen (siehe Hinweis). Pilze auf den Grill legen und mit einer Prise Salz und Pfeffer (falls verwendet) bestreuen. 5 bis 7 Minuten auf einer Seite grillen, bis sich Grillstreifen bilden. Die Hüte wenden und die zweite Seite 3 bis 4 weitere Minuten grillen, bis die Pilze gut durch sind.
4. Zusammen mit Würzsoßen und Aufstrichen auf den Brötchen servieren.

HINWEIS: *Wenn Sie keinen Grill haben, können Sie die Pilze auch auf einem mit Backpapier ausgelegten Backblech im Ofen rösten. Dafür den Ofen auf 230 °C vorheizen und die Pilze 12 bis 15 Minuten bei einmaligem Wenden rösten. Die Pilze verlieren beim Rösten Flüssigkeit. Wenden Sie sie beim Umdrehen darin. Stellen Sie gegen Ende der Garzeit für einige Minuten den Ofengrill an, damit sie schön bräunen. Dadurch schrumpfen und karamellisieren die Pilze noch etwas stärker.*

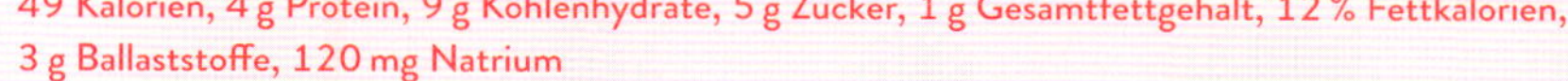

PRO PORTION (2 PILZHÜTE, OHNE BRÖTCHEN, WÜRZSOSSEN UND AUFSTRICHE):
49 Kalorien, 4 g Protein, 9 g Kohlenhydrate, 5 g Zucker, 1 g Gesamtfettgehalt, 12 % Fettkalorien, 3 g Ballaststoffe, 120 mg Natrium

GEKRÖNTE SÜSSKARTOFFELN

ERGIBT 4 PORTIONEN

Probieren Sie zunächst diese Version aus, und verwenden Sie beim nächsten Mal einfach Ihre Lieblingsbohnen und -gemüsesorten.

ZUTATEN

- 1,5 kg Süßkartoffeln (oder Kartoffeln)
- 1 Dose (400 g) schwarze Bohnen, abgegossen und gespült (oder andere Bohnen)
- 400 g Blumenkohlröschen oder Brokkoli, gedünstet (oder gefroren und aufgetaut)
- ¼ rote oder gelbe Paprika, gewürfelt
- 4 EL Frühlingszwiebeln, in dünne Ringe geschnitten
- \+ ein paar Prisen Meersalz
- \+ ein paar Prisen frisch gemahlener schwarzer Pfeffer
- \+ *Grün-vor-Neid-Guacamole* (volle Menge, Seite 73)

ZUBEREITUNG

1. Ofen auf 230 °C vorheizen und ein Backblech mit Backpapier auslegen.
2. Süßkartoffeln waschen und ganz und ungeschält auf das Backblech legen. 45 bis 60 Minuten im Ofen backen, bis sie weich sind. Herausnehmen und abkühlen lassen. Wenn sie sich anfassen lassen, halbieren. (Wenn Sie die Süßkartoffeln im Voraus gebacken und im Kühlschrank aufbewahrt haben, wärmen Sie sie 10 Minuten bei 200 °C im Ofen auf.)
3. Warme Süßkartoffelhälften mit Bohnen, Blumenkohl oder Brokkoli, Paprika und Frühlingszwiebelringen krönen.
4. Mit Salz und schwarzem Pfeffer würzen.
5. 5 weitere Minuten im Ofen backen, um die Toppings durchzuwärmen.
6. Auf jede Süßkartoffelhälfte einen Klecks Guacamole geben und servieren.

VARIANTE: *Für eine würzigere Version die Bohnen mit ½ bis ¾ Tasse Salsa vermischen.*

PRO PORTION: 440 Kalorien, 15 g Protein, 77 g Kohlenhydrate, 17 g Zucker, 10 g Gesamtfettgehalt, 20 % Fettkalorien, 22 g Ballaststoffe, 898 mg Natrium

BBQ-BOHNEN-BURGER

ERGIBT 8 BURGER

Ran an den Grill, es ist Zeit für Burger! Ihren besonders würzigen Geschmack verdanken diese Burger der Barbecue-Soße, dem geräucherten Paprikapulver und der veganen Worcestershire-Soße. Ihre Zubereitung ist ein Kinderspiel!

ZUTATEN

- 2 Karotten, in Scheiben geschnitten
- 1 Knoblauchzehe, geviertelt
- 1 Dose (400 g) Kidneybohnen, abgegossen und gespült
- 175 g gekochter brauner Reis, abgekühlt
- 4 EL Barbecue-Soße
- ½ EL vegane Worcestershire-Soße
- ½ EL Dijonsenf
- ½ TL Meersalz
- ¼–½ TL geräuchertes Paprikapulver
- 1 EL frischer Thymian, gehackt
- 100 g Haferflocken

ZUBEREITUNG

1. Karotten und Knoblauch in einer Küchenmaschine fein häckseln.
2. Bohnen, Reis, Barbecue-Soße, Worcestershire-Soße, Senf, Salz, Paprikapulver und Thymian hinzufügen. Mixen, bis alles gut miteinander vermischt ist.
3. Wenn die Mischung recht glatt ist, die Haferflocken zugeben und nochmals durchmixen. Mischung wenn möglich 30 Minuten kalt stellen.
4. Ofen auf 200 °C vorheizen. Ein Backblech mit Backpapier auslegen.
5. Mit einem Eisportionierlöffel eiskugelgroße Portionen aus der Mischung herausstechen, mit etwas Abstand zueinander aufs Backblech setzen und zu flachen Patties drücken. Circa 20 Minuten im Ofen backen und die Patties nach der Hälfte der Backzeit wenden.
6. Die Patties alternativ in einer beschichteten Pfanne auf mittlerer Flamme 6 bis 8 Minuten pro Seite braten, bis sie goldbraun sind.

SERVIERVORSCHLAG: *Auf Vollkornbrötchen, in Pitabrot oder Salatblattwraps servieren.*

VARIANTE: *Sie können die Mischung auch zu walnussgroßen Bällchen formen und sie als »Hackbällchen« zusammen mit Spaghetti oder als Fingerfood servieren. Verwenden Sie dafür einen Teelöffel und setzen Sie die Bällchen auf das mit Backpapier ausgelegte Backblech. (Dieses Rezept sollte 30 bis 35 Bällchen ergeben.) Backen Sie sie 20 bis 25 Minuten bei 200 °C im Ofen, bis sie fest sind.*

PRO BURGER: 152 Kalorien, 6 g Protein, 29 g Kohlenhydrate, 6 g Zucker, 2 g Gesamtfettgehalt, 9 % Fettkalorien, 5 g Ballaststoffe, 347 mg Natrium

EINFACHE LINSEN-BURGER

ERGIBT 5 PORTIONEN (10 BURGER)

Ab mit den Zutaten in die Küchenmaschine, und schon ist die Burgermasse form- und grillbereit!

ZUTATEN

- 1 Knoblauchzehe
- 2 EL Tamari-Soße
- 2 EL Tomatenmark
- 1 EL Rotweinessig
- 1½ EL Tahini
- 2 EL frischer Thymian oder Oregano
- 2 TL Zwiebelpulver
- ¼ TL Meersalz
- \+ ein paar Prisen frisch gemahlener schwarzer Pfeffer
- 550 g gekochte braune Linsen
- 80 g geröstete Semmelbrösel (siehe Hinweis)
- 50 g Haferflocken

ZUBEREITUNG

1. Knoblauch, Tamari-Soße, Tomatenmark, Essig, Tahini, Thymian oder Oregano, Zwiebelpulver, Salz, Pfeffer und die Hälfte der Linsen in eine Küchenmaschine geben und recht glatt pürieren.
2. Semmelbrösel, Haferflocken und restliche Linsen hinzufügen und einige Male durchmixen. Die Mischung sollte ziemlich klebrig sein und nach dem Formen gut zusammenhalten. Ist sie noch etwas krümelig, nochmals durchmixen.
3. Ofen auf 200 °C vorheizen. Ein Backblech mit Backpapier auslegen.
4. Mit einem Eisportionierlöffel eiskugelgroße Portionen aus der Mischung herausstechen, mit etwas Abstand zueinander aufs Backblech setzen und zu flachen Patties drücken. Circa 20 Minuten im Ofen backen und die Patties nach der Hälfte der Backzeit wenden.
5. Die Patties alternativ in einer beschichteten Pfanne auf mittlerer Flamme 4 bis 5 Minuten pro Seite braten, bis sie goldbraun sind.

SERVIERVORSCHLAG: *Zusammen mit Würzsoßen und Toppings auf Vollkornbrötchen, in Pitabrot oder als Beilage zu Salaten servieren.*

HINWEIS: *Sie können Semmelbrösel auch einfach selbst machen, indem Sie alte Brotkanten oder Brötchenreste in einer Küchenmaschine zu Krümeln häckseln. Legen Sie ein Backblech mit Backpapier aus und verteilen Sie die Brösel gleichmäßig darauf. Rösten Sie sie 10 bis 15 Minuten bei 190 °C im Backofen, bis sie goldbraun sind. Rühren Sie sie währenddessen mehrmals um. (Sie können beim Rösten leicht anbrennen.) Stellen Sie den Ofen ab, aber lassen Sie die Brösel noch 10 weitere Minuten im Ofen. (Es sei denn, sie sind schon sehr gebräunt. Dann aus dem Ofen nehmen und abkühlen lassen.) Verwenden Sie sie sofort oder frieren Sie sie in einem luftdicht verschließbaren Behälter ein.*

PRO BURGER: 148 Kalorien, 8 g Protein, 24 g Kohlenhydrate, 1 g Zucker, 2 g Gesamtfettgehalt, 13 % Fettkalorien, 5 g Ballaststoffe, 369 mg Natrium

SUNSHINE-BURGER

ERGIBT 10 BURGER

Lassen Sie die Sonne rein – mit diesen sonnengelben Gute-Laune-Burgern! Sie sind so lecker und so einfach gemacht, dass Sie sie einfach lieben werden.

ZUTATEN

- 2 Karotten, in Scheiben geschnitten
- 1 große Knoblauchzehe, geviertelt oder in Scheiben geschnitten
- 2 Dosen (je 400 g) Kichererbsen, abgegossen und gespült
- 4 EL sonnengetrocknete Tomaten, in Scheiben geschnitten
- 2 EL Tahini
- 1 TL Rotwein- oder Apfelessig
- 1 TL geräuchertes Paprikapulver
- ½ TL getrockneter Rosmarin
- ½ TL Kreuzkümmel, gemahlen
- ½ TL Meersalz
- 80 g Haferflocken

ZUBEREITUNG

1. Karotten und Knoblauch in einer Küchenmaschine fein häckseln.
2. Kichererbsen, Tomaten, Tahini, Essig, Paprikapulver, Rosmarin, Kreuzkümmel und Salz hinzufügen. Pürieren, bis alles gut miteinander vermischt ist. Dabei ein- bis zweimal pausieren und die Innenwände nach unten frei schaben.
3. Haferflocken zugeben und kurz durchmixen.
4. Mischung wenn möglich 30 Minuten kalt stellen.
5. Ofen auf 200 °C vorheizen. Ein Backblech mit Backpapier auslegen.
6. Mit einem Eisportionierlöffel eiskugelgroße Portionen aus der Mischung herausstechen, mit etwas Abstand zueinander aufs Backblech setzen und zu flachen Patties drücken. 18 bis 20 Minuten im Ofen backen und die Patties nach der Hälfte der Backzeit wenden.
7. Die Patties alternativ in einer beschichteten Pfanne auf mittlerer Flamme 6 bis 8 Minuten pro Seite braten, bis sie goldbraun sind.

SERVIERVORSCHLAG: *Servieren Sie sie statt auf Brötchen doch einmal auf knackigen Romana-Salatblättern!*

PRO BURGER: 137 Kalorien, 6 g Protein, 21 g Kohlenhydrate, 4 g Zucker, 4 g Gesamtfettgehalt, 23 % Fettkalorien, 6 g Ballaststoffe, 278 mg Natrium

CREMIGE ZITRONEN-TAHINI-PASTA MIT SPINAT

ERGIBT 4 PORTIONEN

Diese Soße ist schon in wenigen Minuten gemacht. Sie ist eine der allereinfachsten Pasta-Soßen, und trotzdem so aromatisch und köstlich!

ZUTATEN

- 500 g trockene Pasta (siehe Pasta-Hinweis)
- 80 ml frisch gepresster Zitronensaft
- ¾ TL Meersalz
- 1 ½ TL Kichererbsenmiso (oder eine andere milde Misopaste)
- 2 EL Tahini
- 4 EL Apfelmus
- 1-2 Knoblauchzehen
- 2 TL Ahornsirup
- \+ ein paar Prisen frisch gemahlener schwarzer Pfeffer (oder nach Geschmack mehr)
- 2-4 EL Wasser
- ½ TL Zitronenabrieb
- 1 kleine Handvoll frischer Babyspinat (siehe Spinat-Hinweis)

ZUBEREITUNG

1. Pasta gemäß Packungsangaben kochen.
2. In der Zwischenzeit die Soße vorbereiten. Zitronensaft, Salz, Miso, Tahini, Apfelmus, Knoblauch, Sirup, Pfeffer und 2 EL Wasser in einen Mixer geben und glatt pürieren. Bei Bedarf die 2 zusätzlichen EL Wasser hinzufügen.
3. Fertig gekochte Pasta abgießen, aber nicht abschrecken. Zurück in den Topf auf mittlerer Flamme geben.
4. Soße, Zitronenabrieb und Spinat unterrühren und leicht durchwärmen. Wenn der Spinat zusammenfällt, den Herd abstellen.
5. Pasta anrichten und servieren.

PASTA-HINWEIS: *Für dieses Rezept eignen sich besonders gut kürzere Nudeln wie Penne oder Spirelli, aber auch lange wie Spaghetti oder Linguine.*

SPINAT-HINWEIS: *Sie können gern mehr als nur eine kleine Handvoll Spinat verwenden. Statt Spinat können Sie auch gehackten Mangold oder Grünkohl (braucht länger, bis er zusammenfällt) oder gedünsteten Brokkoli oder Blumenkohl zur Pasta geben.*

VORSCHLAG: *Mischen Sie für ein noch herzhafteres Gericht zusammen mit dem Spinat noch 1 ½ Tassen gekochte weiße Bohnen unter die Pasta.*

PRO PORTION: 571 Kalorien, 21 g Protein, 105 g Kohlenhydrate, 6 g Zucker, 7 g Gesamtfettgehalt, 11 % Fettkalorien, 8 g Ballaststoffe, 563 mg Natrium

MISO-REISKÜCHLEIN

ERGIBT 9 STÜCK

Diese Reisküchlein ergeben zusammen mit einem leckeren Salat mit cremigem Dressing (z. B. Mango-Hanf-Dressing, Seite 88) und gerösteten Kartoffeln, Tofu oder Tempeh eine wunderbare Mahlzeit.

ZUTATEN

- 2 EL Kichererbsenmiso (oder eine andere milde Misopaste)
- 1 kleine Handvoll Frühlingszwiebeln, in Ringe geschnitten (vor allem grüner Lauch)
- 2 EL gemahlene Chiasamen
- 2 TL Rotwein- oder Apfelessig
- 1 Knoblauchzehe, geviertelt
- ¼ TL Meersalz
- 1 Messerspitze Chiliflocken (nach Geschmack mehr)
- 600 g gekochter brauner Reis, abgekühlt
- 50 g Haferflocken
- 4 EL + 2 EL Mandelmehl

ZUBEREITUNG

1. Miso, Frühlingszwiebeln, Chiasamen, Essig, Knoblauch, Salz, Chiliflocken und 250 g Reis in eine Küchenmaschine geben und häckseln, bis alles gut miteinander vermischt ist.
2. Haferflocken, Mandelmehl und restlichen Reis hinzufügen und mixen, bis alles gut vermischt ist.
3. Die Mischung 30 Minuten oder länger im Kühlschrank kalt stellen.
4. Ofen auf 220 °C vorheizen. Ein Backblech mit Backpapier auslegen.
5. Mit einem Eisportionierlöffel eiskugelgroße Portionen aus der Mischung herausstechen, mit etwas Abstand zueinander aufs Backblech setzen und zu flachen Patties drücken. Circa 20 Minuten im Ofen backen und die Patties nach der Hälfte der Backzeit wenden.
6. Die Patties alternativ in einer beschichteten Pfanne auf mittlerer Flamme 4 bis 5 Minuten pro Seite braten, bis sie goldbraun sind.
7. Mit *Balsamico-Reduktion* (Seite 83) oder anderen Würzsoßen Ihrer Wahl servieren.

PRO KÜCHLEIN: 204 Kalorien, 6 g Protein, 35 g Kohlenhydrate, 1 g Zucker, 5 g Gesamtfettgehalt, 19 % Fettkalorien, 4 g Ballaststoffe, 279 mg Natrium

PIZZATEIG

ERGIBT 4 PORTIONEN (2 PIZZEN, Ø JE CIRCA 22 CM)

So können Sie einen leckeren ölfreien Pizzateig ganz leicht selbst machen!

ZUTATEN

360 ml	warmes Wasser	1 EL	Kokosblütenzucker
2	Päckchen (circa 5 TL) Trockenhefe	600 g	Mehl (siehe Mehl-Hinweis)
		¾ TL	Meersalz

ZUBEREITUNG

1. Warmes Wasser, Hefe und Zucker in einer kleinen Schüssel verquirlen. (Heißes Wasser tötet die Hefekulturen, kaltes Wasser aktiviert sie nicht.) 5 Minuten reagieren lassen, bis die Mischung schaumig ist.
2. Währenddessen Mehl und Salz in einer großen Schüssel vermischen.
3. Hefewasser zugießen und verrühren, bis ein Teig entsteht.
4. Eine Arbeitsfläche leicht einmehlen. Teig darauf legen und einige Minuten durchkneten. (Oder etwas Mehl in die Schüssel geben und den Teig in der Schüssel durchkneten.)
5. Eine große Schüssel mit Kochspray einsprühen und den Teig hineinlegen. Mit Klarsichtfolie abdecken und den Teig an einem warmen, aber nicht heißen Ort circa 1 Stunde gehen lassen, bis er fast doppelt so groß ist.
6. Den Ofen mindestens 15 Minuten auf 260 °C vorheizen.
7. Zwei große Lagen Backpapier leicht mit Kochspray einsprühen.
8. Den Teig in zwei Teile teilen. Jede Hälfte auf eine Lage Backpapier legen und zu einem Pizzateig formen und ziehen.
9. Pizza nach Wunsch belegen (oder siehe Pizza! Pizza! auf Seite 153).
10. Die Pizza mitsamt Backpapier mithilfe eines großen Tellers auf ein Backblech oder einen Pizzastein legen. 10 bis 12 Minuten im Ofen backen, bis der Teig goldbraun, die Unterseite knusprig und der Belag durchgewärmt ist.
11. Aus dem Ofen nehmen und etwa 5 Minuten abkühlen lassen. In Stücke schneiden und servieren.

MEHL-HINWEIS: *Weißmehl gibt dem Teig eine weiche und leichte Konsistenz. Wenn Sie es lieber mögen, können Sie aber auch Vollkornmehl verwenden.*

Siehe Foto Seite 152.

PRO PORTION: 432 Kalorien, 17 g Protein, 91 g Kohlenhydrate, 4 g Zucker, 3 g Gesamtfettgehalt, 6 % Fettkalorien, 14 g Ballaststoffe, 446 mg Natrium

PIZZA! PIZZA!

ERGIBT 4 PORTIONEN (2 PIZZEN)

Eine Pizza-Party zu Hause macht richtig Spaß! Sie können Ihre Pizza so bunt belegen, wie Sie mögen. Hier finden schon einmal eine leckere Variante, falls Sie noch Ideen brauchen.

ZUTATEN

- \+ *Pizzateig* (siehe vorheriges Rezept, Seite 151)
- 1-1½ Gläser Tomaten- oder Pizzasoße Ihrer Wahl
- 270 g Artischockenherzen, gehackt (gefroren oder aus dem Glas, nicht in Öl mariniert)
- 1 rote oder grüne Paprika, gehackt
- 8 EL sonnengetrocknete Tomaten, gehackt
- 8 EL Kalamata- oder grüne Oliven, in Scheiben geschnitten
- \+ *Pilz-»Bacon«-Streifen* (Seite 197) oder eine zusätzliche gehackte Paprika (optional)
- 8 EL Frühlingszwiebeln oder Zwiebeln, gehackt (optional)
- 8 EL frisches Basilikum, in feine Streifen geschnitten (optional)
- 2 EL *Balsamico-Reduktion* (Seite 83; optional)

ZUBEREITUNG

1. Pizzateig vorbereiten und Ofen auf 260 °C vorheizen.
2. Soße gleichmäßig auf beiden Teigen verstreichen.
3. Artischockenherzen, Paprika, sonnengetrocknete Tomaten, Oliven, Pilz-»Bacon«-Streifen oder zusätzliche Paprika und Frühlingszwiebeln oder Zwiebeln (falls verwendet) auf den Pizzen verteilen.
4. Jede Pizza mitsamt Backpapier mithilfe eines großen Tellers auf ein Backblech oder einen Pizzastein legen. 10 bis 12 Minuten im Ofen backen, bis der Teig goldbraun, die Unterseite knusprig und der Belag durchgewärmt ist.
5. Aus dem Ofen nehmen und etwa 5 Minuten abkühlen lassen.
6. In Stücke schneiden, mit frischem Basilikum (falls verwendet) und Balsamico-Reduktion (falls verwendet) garnieren und servieren.

PRO PORTION: 549 Kalorien, 21 g Protein, 112 g Kohlenhydrate, 13 g Zucker, 7 g Gesamtfettgehalt, 11 % Fettkalorien, 22 g Ballaststoffe, 1.121 mg Natrium

ZWEIERLEI KARTOFFELGRATIN

ERGIBT 5 PORTIONEN

Alle lieben Kartoffelgratin! Diese Kombination aus Kartoffeln und Süßkartoffeln macht den Klassiker zum vollen Erfolg!

ZUTATEN

KARTOFFELBASIS

- 120 g gekochte Cannellini- oder andere weiße Bohnen
- 8 EL Frühlingszwiebeln, gehackt (weiße Wurzel) oder 5 EL Schalotten oder Zwiebeln, gehackt
- 1 EL Hefeflocken
- 2 TL Dijonsenf
- 1 TL Meersalz
- ½ TL getrockneter Rosmarin oder 1 TL frischer Rosmarin, gehackt
- 1 Messerspitze frisch gemahlenes Muskat
- 1 kleine Knoblauchzehe
- 560 ml fettarme Pflanzenmilch
- 1½ EL frisch gepresster Zitronensaft
- 1½ EL Tahini
- \+ frisch gemahlener schwarzer Pfeffer zum Abschmecken (optional)
- 500–600 g Kartoffeln (vorwiegend festkochend oder rote), in dünne Scheiben geschnitten, Schälen optional (siehe Kartoffel-Hinweis)
- 500–600 g Süßkartoffeln, geschält und in dünne Scheiben geschnitten

TOPPING

- 8 EL hochwertige Semmelbrösel (siehe Topping-Hinweis)
- ½ EL Hefeflocken
- 1 Prise Meersalz

ZUBEREITUNG

1. FÜR DIE KARTOFFELBASIS: Bohnen, Zwiebeln, Hefeflocken, Senf, Salz, Rosmarin, Muskat, Knoblauch, Pflanzenmilch, Zitronensaft, Tahini und Pfeffer (falls verwendet) in einen Mixer geben und ganz glatt pürieren.
2. Ofen auf 200 °C vorheizen.
3. Ein Backblech mit Backpapier auslegen und auf die unterste Backofenschiene schieben, um eventuell heruntertropfende Flüssigkeit aufzufangen.
4. Eine Auflaufform (circa 20 × 30 cm) leicht mit Kochspray einsprühen.
5. Ein Viertel der Soße in die vorbereitete Form geben, bis der Boden mit einer dünnen Schicht bedeckt ist.
6. Eine Schicht Kartoffelscheiben (circa die Hälfte der Gesamtmenge) in die Form legen. Mit einem weiteren Viertel Soße bedecken. (Es muss nicht exakt ein Viertel sein. Es ist nur wichtig, dass zwischen den Kartoffelschichten immer genug Soße ist.)
7. Alle Süßkartoffelscheiben darüber schichten. Drittes Viertel der Soße darüber gießen und glatt streichen.
8. Letzte Schicht aus Kartoffeln darauflegen. Restliche Soße darüber verteilen und glatt streichen.
9. FÜR DAS TOPPING: Semmelbrösel, Hefeflocken und Salz in einer kleinen Schüssel verrühren.
10. Mischung über die Kartoffeln und die Soße streuen.
11. Auflaufform mit Aluminiumfolie abdecken. Gratin 50 bis 60 Minuten im Ofen backen, bzw. bis die Kartoffeln gar sind. Folie abnehmen und das Gratin weitere 5 bis 6 Minuten backen, bis die Oberfläche leicht gebräunt ist. (Alternativ für einige Minuten den Backofengrill anstellen, damit die Oberfläche goldbraun wird.)
12. Vor dem Anschneiden und Servieren 5 bis 10 Minuten durchziehen und abkühlen lassen.

KARTOFFEL-HINWEIS: *Sie können das Verhältnis auch ganz nach Ihren Vorlieben anpassen. Wenn Sie das Gratin eher »soßiger« lieben, verwenden Sie insgesamt nur 1 Kilogramm Kartoffeln und Süßkartoffeln.*

TOPPING-HINWEIS: *Mandelmehl ist ein sehr leckerer und glutenfreier Ersatz für Semmelbrösel. Verwenden Sie statt der 8 EL Semmelbrösel 4 EL Mandelmehl. Wenn Sie eine Kombination davon ausprobieren möchten, verwenden Sie je 4 EL Mandelmehl und 4 EL Semmelbrösel.*

PRO PORTION: 266 Kalorien, 11 g Protein, 48 g Kohlenhydrate, 9 g Zucker, 4 g Gesamtfettgehalt, 14 % Fettkalorien, 7 g Ballaststoffe, 806 mg Natrium

BARBECUE-LINSEN

ERGIBT 5 PORTIONEN

Die Gewürze verleihen diesen schnell zubereiteten Linsen einen leichten Barbecue-Geschmack.

ZUTATEN

400 g	getrocknete grüne oder braune Linsen, gespült
3 EL	Balsamicoessig
1,2	Liter Wasser
8 EL	Tomatenmark
2 EL	vegane Worcestershire-Soße
2 TL	getrockneter Rosmarin
1 TL	Zwiebelpulver
½ TL	Knoblauchpulver
½ TL	Piment
¼ TL	Meersalz
1 EL	Kokosblüten- oder Ahornsirup

ZUBEREITUNG

1. Linsen und 2 EL Essig in einen großen Stieltopf auf mittlerer Flamme geben. Die Linsen unter Rühren 5 bis 7 Minuten darin schmoren.
2. Wenn die Flüssigkeit verdampft ist, Wasser, Tomatenmark, Worcestershire-Soße, Rosmarin, Zwiebel- und Knoblauchpulver, Piment, Salz, Sirup und den restlichen 1 EL Essig hinzufügen. Umrühren und zum Kochen bringen. Flamme niedrig stellen, Topf abdecken und Linsen weitere 37 bis 40 Minuten köcheln, bis sie richtig weich sind.
3. Abschmecken, auf Wunsch nachwürzen und servieren.

PRO PORTION: 295 Kalorien, 20 g Protein, 54 g Kohlenhydrate, 9 g Zucker, 1 g Gesamtfettgehalt, 3 % Fettkalorien, 14 g Ballaststoffe, 399 mg Natrium

KICHERERBSEN-EINTOPF

ERGIBT 5 PORTIONEN

Dieses Rezept können Sie in einem ganz normalen Topf auf dem Herd oder in einem Instant Pot zubereiten. Die Zwiebeln und Datteln verwandeln sich in eine köstliche rauchig-pikante Basis und verleihen den Kichererbsen ein ganz einzigartiges Aroma.

ZUTATEN

- 3 EL Wasser
- 2 große oder 3 mittelgroße Zwiebeln, gehackt
- 1½ EL geräuchertes Paprikapulver
- ½ TL Kreuzkümmel, gemahlen
- ⅛–¼ TL Piment, gemahlen
- ½ TL Meersalz
- 2 Dosen (je 400 g) Kichererbsen, abgegossen und gespült
- 150 g Datteln, entsteint und gehackt
- 1 Glas (700 ml) passierte Tomaten (siehe Hinweis)

ZUBEREITUNG

1. IM INSTANT POT: Wasser, Zwiebeln, Paprikapulver, Kreuzkümmel, Piment und Salz hineingeben und Sautierfunktion einstellen. 6 bis 7 Minuten unter gelegentlichem Umrühren sautieren. Wenn die Mischung beginnt anzuhängen, 1 bis 2 weitere EL Wasser einrühren.
2. Kichererbsen, Datteln und Tomaten zugeben und gut umrühren. Sautierfunktion abstellen und Deckel aufsetzen. Auf 18 Minuten Schnellkochen einstellen.
3. Den Druck über die Funktion »Abdampfen« oder durch langsames Abkühlen natürlich entweichen lassen.
4. Umrühren, abschmecken, auf Wunsch nachwürzen und servieren.
5. AUF DEM HERD: Wenn Sie keinen Instant Pot haben, verwenden Sie einfach einen großen Suppentopf und kochen Sie die Kichererbsen auf dem Herd. Dafür Zwiebeln, Paprikapulver, Kreuzkümmel, Piment und Salz in den 3 EL Wasser sautieren.
6. Kichererbsen, Datteln und Tomaten hinzufügen und zum Kochen bringen. Flamme niedrig stellen, Topf abdecken und 40 Minuten köcheln, bis die Datteln und Zwiebeln weich sind.

HINWEIS: *Wenn Sie keine passierten Tomaten finden, können Sie auch eine 800-g-Dose stückige Tomaten verwenden.*

SERVIERVORSCHLAG: *Mit Reis, Quinoa oder anderem gekochten Vollkorngetreide servieren.*

PRO PORTION: 258 Kalorien, 10 g Protein, 50 g Kohlenhydrate, 23 g Zucker, 4 g Gesamtfettgehalt, 12 % Fettkalorien, 13 g Ballaststoffe, 742 mg Natrium

PFLANZENPOWER PAD THAI

ERGIBT 4 PORTIONEN

Dieses Gericht ist genauso köstlich und aromatisch wie das Original, dafür aber um einiges fettärmer.

ZUTATEN

- 80 ml Wasser
- 1 EL Mandelmus oder Erdnussbutter
- 60 ml Limettensaft
- 3 EL Tamari-Soße
- 3 EL Ketchup
- 3 EL Kokosblüten- oder Ahornsirup
- 1 EL Ingwer, geschält und grob gehackt
- 2 Knoblauchzehen, gehackt oder in Scheiben geschnitten
- ¼ TL Meersalz
- ¼ TL Chiliflocken
- 230 g trockene Reisnudeln, z. B. Vermicelli oder Reis-Bandnudeln
- 1 rote Paprika, in dünne Streifen geschnitten
- 1 große Karotte, in feine Stifte geschnitten
- ½ Frühlingszwiebel, in Ringe geschnitten
- 1 Handvoll Mungobohnensprossen
- 4 EL frisches Koriandergrün, gehackt
- 1 EL Erdnüsse, gehackt (optional)
- 4 Limettenspalten
- \+ *Gebackener Tamari-Tofu* (optional; Seite 187)

ZUBEREITUNG

1. Wasser, Mandelmus oder Erdnussbutter, Limettensaft, Tamari-Soße, Ketchup, Sirup, Ingwer, Knoblauch, Salz und Chiliflocken in einem Mixer glatt pürieren und beiseitestellen.
2. Nudeln gemäß Packungsangaben kochen. Wenn sie al dente sind, abgießen.
3. Gemixte Soße in einen Kochtopf auf niedriger Flamme geben. Gekochte Nudeln, Paprika, Karotte und Frühlingszwiebelringe zugeben. Vorsichtig vermischen, bis alles mit der Soße überzogen ist.
4. Wenn die Mischung durchgewärmt ist, Sprossen und Koriandergrün unterheben.
5. In Schüsseln oder auf Tellern anrichten, mit gehackten Erdnüssen (falls verwendet) bestreuen und mit Limettenspalten garnieren.
6. *Gebackenen Tamari-Tofu* darüber krümeln (falls verwendet) und sofort servieren.

PRO PORTION: 324 Kalorien, 7 g Protein, 69 g Kohlenhydrate, 15 g Zucker, 3 g Gesamtfettgehalt, 7 % Fettkalorien, 4 g Ballaststoffe, 1.059 mg Natrium

POWER-PASTA

ERGIBT 4 PORTIONEN

Bringen Sie Power in Ihre Lieblings-Pastasoße! Durch die Linsen wird sie herzhafter und nahrhafter.

ZUTATEN

150 g	getrocknete rote Linsen
3360 ml	Wasser
1-2	Karotten, in Scheiben geschnitten oder gehackt
½ TL	getrockneter Rosmarin oder 1 TL getrocknetes Basilikum
½ TL	Fenchelsamen
500 g	trockene Pasta
1 Glas	(800 g) Pastasoße Ihrer Wahl
+	ein paar Prisen Meersalz (siehe Hinweis)
1 TL	Ahornsirup (optional)
5-6	Handvoll Babyspinat (optional)

ZUBEREITUNG

1. In einem großen Topf Wasser für die Pasta kochen.
2. In der Zwischenzeit Linsen, Wasser, Karotten, Rosmarin oder Basilikum und Fenchelsamen in einen mittelgroßen Topf geben und auf hoher Flamme zum Kochen bringen. Flamme niedrig stellen und die Mischung 10 bis 15 Minuten köcheln, bis die Linsen richtig gar und weich sind.
3. Wenn die Linsen fast gar sind, die Pasta kochen.
4. Die Linsenmischung mit einer Gabel zerdrücken oder kurz mit einem Pürierstab durchmixen, wenn Sie es glatter mögen.
5. Pastasoße unter die Linsen rühren und auf niedriger bis mittlerer Flamme durchwärmen.
6. Abschmecken und Salz und Sirup (falls verwendet) einrühren.
7. Spinat (falls verwendet) unterheben und umrühren, bis der Spinat zusammenfällt.
8. Pasta abgießen und in Schüsseln anrichten.
9. Pastasoße darüber geben und servieren.

HINWEIS: *Pastasoßen aus dem Glas haben einen unterschiedlichen Geschmack und Salzgehalt. Verwenden Sie deshalb zunächst nur wenig zusätzliches Salz und fügen Sie bei Bedarf später mehr hinzu.*

PRO PORTION: 730 Kalorien, 29 g Protein, 138 g Kohlenhydrate, 18 g Zucker, 7 g Gesamtfettgehalt, 9 % Fettkalorien, 15 g Ballaststoffe, 889 mg Natrium

THAILÄNDISCHE ROTE LINSEN

ERGIBT 4 PORTIONEN

Dieses Rezept ist kinderleicht und trotzdem unglaublich lecker!

ZUTATEN

- 400 g getrocknete rote Linsen
- 1 Dose (400 ml) fettarme Kokosmilch
- 2 EL rote oder gelbe Thai-Currypaste (siehe Hinweis)
- ¼–½ TL Meersalz (falls Sie mehr Currypaste verwenden, weniger Salz)
- 500–560 ml Wasser
- 5 EL frisches Basilikum, fein gehackt
- 3-4 EL Limettensaft

ZUBEREITUNG

1. Linsen, Kokosmilch, Currypaste, Salz und 500 ml Wasser in einen großen Topf auf hoher Flamme geben, umrühren und zum Kochen bringen. Flamme niedrig stellen, Topf abdecken und 20 Minuten köcheln, bis die Linsen richtig weich sind.
2. Basilikum und 3 EL Limettensaft einrühren.
3. Auf Wunsch mit mehr Salz und dem restlichen 1 EL Limettensaft nachwürzen. Bei Bedarf mit den restlichen 60 ml Wasser verdünnen.

SERVIERVORSCHLAG: *In Schüsseln mit Vollkorn-Pitas zum Dippen oder auf braunem Reis, Quinoa oder anderem gekochten Vollkorngetreide servieren.*

HINWEIS: *Fangen Sie mit 2 EL Currypaste an und fügen Sie, wenn Sie es schärfer mögen, gern noch einen weiteren halben bis ganzen EL hinzu. Für noch mehr Schärfe können Sie ganz nach Belieben mit scharfer Soße nachwürzen.*

PRO PORTION: 389 Kalorien, 25 g Protein, 58 g Kohlenhydrate, 4 g Zucker, 8 g Gesamtfettgehalt, 18 % Fettkalorien, 16 g Ballaststoffe, 441 mg Natrium

SÜSSKARTOFFEL-SHEPHERD'S PIE

ERGIBT 5 PORTIONEN

Diese köstliche und sehr nahrhafte Shepherd's-Pie-Variante besteht aus Linsen und Pilzen mit aromatischen Gewürzen und einem knusprigen Süßkartoffel-Topping. Hmmm!

ZUTATEN

FÜLLUNG

2 EL	Rotwein
1 TL	getrockneter Thymian
½ TL	getrockneter Rosmarin
½ TL	Knoblauchpulver
500 g	braune oder weiße Champignons oder 300 g Blumenkohl, fein gehackt
1	Zwiebel, fein gehackt
1	kleine Karotte, fein gehackt
1	kleine Selleriestange, fein gehackt
2 EL	Vollkornweizenmehl
3 ½ EL	Tamari-Soße
1 TL	vegane Worcestershire-Soße (optional)
2 EL	Tomatenmark
250 ml	Wasser
500 g	gekochte Linsen
60-90 g	gefrorene Erbsen

TOPPING

900 g	gekochte Süßkartoffeln, gewürfelt
2 TL	salzarme Tamari-Soße
1 TL	frischer Thymian, gehackt
+	ein paar Prisen frisch gemahlenes Muskat
+	frisch gemahlener schwarzer Pfeffer (optional)
5 EL	Semmelbrösel
1	Prise Meersalz

ZUBEREITUNG

1. FÜR DIE FÜLLUNG: Wein, Thymian, Rosmarin, Knoblauchpulver und Pilze oder Blumenkohl in einen großen Topf auf hoher Flamme geben. 7 bis 8 Minuten schmoren, bis die Pilze ihren Saft abgeben und zu schrumpfen beginnen.
2. Zwiebel, Karotte und Sellerie hinzufügen und weitere 3 bis 4 Minuten schmoren.
3. Mehl, Tamari-Soße und Worcestershire-Soße einrühren. Flamme herunter stellen und einige Minuten köcheln lassen, bis sich der rohe Geschmack des Mehls verflüchtigt.
4. Tomatenmark und einige EL Wasser einrühren. Wenn die Mischung eindickt, weitere 4 EL Wasser einrühren. Umrühren und wieder etwas eindicken lassen.
5. Linsen und restliches Wasser einrühren. Unter Rühren eindicken und blubbern lassen.
6. Topf vom Herd nehmen und Erbsen einrühren. Mischung in eine Auflaufform (circa 20 × 20 cm) geben.
7. FÜR DAS TOPPING: Ofen auf 200 °C vorheizen.
8. Süßkartoffeln in eine Schüssel geben, mit einer Gabel zerdrücken und mit Tamari-Soße, Thymian, Muskat und Pfeffer (falls verwendet) vermischen.
9. Süßkartoffelmischung über die Füllung löffeln und mit einem Pfannenwender glatt streichen.
10. Semmelbrösel und Salz darüber streuen. 20 bis 25 Minuten im Ofen backen, bis der Rand braun wird und sich Bläschen bilden.
11. Aus dem Ofen nehmen, circa 5 Minuten abkühlen lassen und servieren.

PRO PORTION: 283 Kalorien, 16 g Protein, 54 g Kohlenhydrate, 10 g Zucker, 2 g Gesamtfettgehalt, 5 % Fettkalorien, 12 g Ballaststoffe, 845 mg Natrium

10-MINUTEN-REISPFANNE

ERGIBT 3 PORTIONEN

Wenn Sie den Reis schon im Voraus gekocht haben, ist dieses Gericht in nur 10 Minuten fertig!

ZUTATEN

1	Paprika oder große Karotte, in Streifen geschnitten oder gewürfelt
150 g	Maiskörner oder grüne Erbsen (oder eine Mischung aus beidem)
8 EL	Frühlingszwiebeln oder Schnittlauch, in Ringe geschnitten (Schnittlauch erst gegen Ende zugeben)
1	kleine Selleriestange, fein gehackt
850 g	gekochter brauner Reis oder Quinoa
1	große vorgekochte Kartoffel, gewürfelt (oder zusätzliche 50 g gekochter brauner Reis oder Quinoa)
4-5 EL	Tamari-Soße
1-2 EL	Wasser
+	Meersalz nach Geschmack (optional)
+	frisch gemahlener schwarzer Pfeffer nach Geschmack (optional)

ZUBEREITUNG

1. Paprika oder Karotte, Mais oder grüne Erbsen, Frühlingszwiebel und Sellerie in eine beschichtete Pfanne auf mittlerer bis hoher Flamme geben. 3 bis 4 Minuten unter gelegentlichem Rühren anbraten.
2. Reis, Kartoffel (falls verwendet) und 4 EL Tamari-Soße hinzufügen. Unter mehrmaligem Umrühren weitere 3 bis 4 Minuten braten. Wenn die Mischung anhängt, das Wasser unterrühren.
3. Den Reis gut durchwärmen und auf Wunsch leicht anrösten.
4. Abschmecken und auf Wunsch mit restlicher Tamari-Soße und Salz und Pfeffer nachwürzen.
5. Anrichten und servieren.

PRO PORTION: 532 Kalorien, 14 g Protein, 112 g Kohlenhydrate, 5 g Zucker, 4 g Gesamtfettgehalt, 6 % Fettkalorien, 9 g Ballaststoffe, 1.372 mg Natrium

PASTA MIT FRISCHEM SPINAT UND PESTO AUS SONNENGETROCKNETEN TOMATEN UND KÜRBISKERNEN

ERGIBT 4 PORTIONEN

Dieses Pesto ist fantastisch! Genießen Sie es mit Ihren Lieblingspastasorten!

ZUTATEN

- 75 g sonnengetrocknete Tomaten (siehe Hinweis)
- 1 große Knoblauchzehe, geviertelt (oder 2, wenn Sie Knoblauch lieben)
- 2 Datteln, entsteint
- ¼ TL Meersalz
- \+ frisch gemahlener schwarzer Pfeffer nach Geschmack (optional)
- 125 ml Wasser
- 2 EL Kürbiskerne oder gehackte Mandeln (am besten vorher geröstet)
- 8 EL frische Petersilienblätter
- 1 Handvoll frische Basilikumblätter, ganz, + 1 Handvoll frische Basilikumblätter, fein gehackt (optional)
- 500 g trockene Pasta Ihrer Wahl
- 3-4 Handvoll frischer Babyspinat

ZUBEREITUNG

1. Sonnengetrocknete Tomaten, Knoblauch, Datteln, Salz und Pfeffer (falls verwendet) in einen Mixer geben und häckseln.
2. Wasser hinzufügen und pürieren. Bei Bedarf die Mixer-Innenwand nach unten freischaben.
3. Kürbiskerne oder Mandeln, Petersilie und 1 Handvoll ganze Basilikumblätter hinzufügen und einige Male durchhäckseln, bis alles gut vermischt, die Konsistenz aber noch etwas grob ist.
4. Pasta gemäß Packungsangaben kochen. Wenn die Pasta al dente ist, 1 Kelle des Kochwassers herausnehmen und aufbewahren. Pasta abgießen, aber nicht abschrecken, und zurück in den Topf auf niedriger Flamme geben.
5. Pesto und Spinat hinzufügen und das Pesto vorsichtig unter die Pasta mischen. Wenn die Pasta zu trocken ist, nach und nach je 1 EL von der aufbewahrten Kochflüssigkeit einrühren, bis die gewünschte Konsistenz erreicht ist.
6. Wenn der Spinat zusammengefallen ist, abschmecken und auf Wunsch nachsalzen.
7. Mit fein gehacktem Basilikum (falls verwendet) garnieren und servieren.

HINWEIS: *Sonnengetrocknete Tomaten gibt es getrocknet und in Öl mariniert. Der Geschmack der getrockneten Tomaten ist ideal, aber sie sind mitunter ziemlich hart oder zäh. Weichen Sie sie daher vor dem Weiterverarbeiten circa 10 Minuten in einer kleinen Schüssel mit heißem oder kochendem Wasser ein. Schütten Sie das Wasser danach nicht weg, sondern verwenden Sie es beim Pürieren, weil es sehr aromatisch ist. In Öl marinierte sonnengetrocknete Tomaten müssen Sie vor dem Verwenden erst komplett abtropfen lassen und danach gut mit heißem Wasser spülen. Das entfernt nicht nur das Öl, sondern auch den Marinadegeschmack, der manchmal nicht sehr frisch ist.*

PRO PORTION: 569 Kalorien, 22 g Protein, 109 g Kohlenhydrate, 9 g Zucker, 5 g Gesamtfettgehalt, 8 % Fettkalorien, 9 g Ballaststoffe, 452 mg Natrium

PASTA CARBONARA

ERGIBT 4 PORTIONEN

Dieses Gericht ist ein vollmundiger Genuss. Das Schwarzsalz verleiht ihm seinen typischen »Eiergeschmack«. Besonders gut schmeckt es mit Pilz-»Bacon«-Streifen (Seite 197).

ZUTATEN

260 g	gedünstete Blumenkohlröschen
5 EL	Cashewkerne, eingeweicht und abgegossen
1 ½ EL	Kichererbsenmiso (oder eine andere milde Misopaste)
1-2	große Knoblauchzehen (siehe Hinweis)
½ TL	Meersalz
½ TL	Schwarzsalz (Kala Namak)
360 ml	fettarme Pflanzenmilch
2 EL	Zitronensaft
+	ein paar Prisen frisch geriebenes Muskat und/oder schwarzer Pfeffer
500 g	trockene Pasta
60-100 g	gefrorene Erbsen (optional)
½ TL	Meersalz
60-80 ml	Wasser

ZUBEREITUNG

1. Wasser für die Pasta kochen.
2. Währenddessen Blumenkohl, Cashewkerne, Misopaste, Knoblauch, Meersalz, Schwarzsalz, Pflanzenmilch, Zitronensaft und Muskat und/oder Pfeffer in einen Mixer geben und ganz glatt pürieren.
3. Pasta gemäß Packungsangaben kochen.
4. Wenn die Pasta al dente ist, die Erbsen ins Kochwasser geben. Pasta und Erbsen sofort abgießen und wieder zurück in den Topf geben.
5. Soße aus dem Mixer in den Topf gießen.
6. Wasser in den Mixer geben, es darin schwenken und ebenfalls mit den im Mixer zurückgebliebenen Resten in den Topf zur Pasta geben. Umrühren und Pasta und Soße auf mittlerer Flamme 1 bis 2 Minuten durchwärmen, bzw. bis die Soße eindickt.
7. Abschmecken und auf Wunsch mit Salz und Pfeffer nachwürzen.

HINWEIS: *Da der Knoblauch weder sautiert noch anderweitig gegart wird, verwenden Sie zunächst nicht so viel. Wenn Sie kleine Kinder haben, mögen diese die Soße vielleicht nicht, wenn sie zu stark nach Knoblauch schmeckt. Sollten Sie aber ein Knoblauchfan sein, verwenden Sie gern 2 große Knoblauchzehen oder mehr.*

PRO PORTION: 616 Kalorien, 24 g Protein, 110 g Kohlenhydrate, 7 g Zucker, 9 g Gesamtfettgehalt, 12 % Fettkalorien, 8 g Ballaststoffe, 875 mg Natrium

»SOUTHWEST«-TOFU

ERGIBT 4 PORTIONEN

Auch dieser marinierte und gebackene Tofu überzeugt mit jeder Menge Geschmack! Mit Reis und Aufgepeppter Salsa (Seite 78) schmeckt er noch köstlicher.

ZUTATEN

- 3½ EL frisch gepresster Limettensaft
- 2 TL Ahornsirup
- 1½ TL Kreuzkümmel, gemahlen
- 1 TL getrockneter Oregano
- 1 TL Chilipulver
- ½ TL Paprikapulver
- ½ TL Meersalz
- 1 Messerspitze Piment
- 350 g fester Tofu, in 1 cm dicke Scheiben geschnitten und abgetupft (um überschüssige Feuchtigkeit zu entfernen)

ZUBEREITUNG

1. Ofen auf 200 °C vorheizen.
2. Limettensaft, Sirup, Kreuzkümmel, Oregano, Chilipulver, Paprikapulver, Salz und Piment in eine Auflaufform (circa 23 × 30 cm) geben und vermischen.
3. Tofuscheiben hineinlegen und darin wenden, bis beide Seiten mit der Marinade überzogen sind.
4. 20 Minuten ohne Abdeckung im Ofen backen, bis die Marinade absorbiert ist. Nach der Hälfte der Backzeit wenden.

SERVIERVORSCHLAG: *Auf braunem Reis, Quinoa oder Pasta servieren oder abgekühlt als Salatzutat verwenden.*

PRO PORTION: 78 Kalorien, 7 g Protein, 6 g Kohlenhydrate, 3 g Zucker, 4 g Gesamtfettgehalt, 42 % Fettkalorien, 1 g Ballaststoffe, 324 mg Natrium

ORANGEN-TOFU

ERGIBT 4 PORTIONEN

Dieser Tofu wird mit einer leicht gesüßten Orangen-Tahinisoße mariniert und dann im Ofen gebacken. Besonders gut schmeckt er zusammen mit Kokos-Curry-Reis (Seite 186).

ZUTATEN

- 80 ml frisch gepresster Orangensaft (Orangenschale zuerst abreiben; siehe unten)
- 1 EL Tamari-Soße
- 1 EL Tahini
- ½ EL Kokosblüten- oder Ahornsirup
- 2 EL Apfelessig
- ½ EL frischer Ingwer, gerieben
- 1 große Knoblauchzehe, gerieben
- ½–1 TL Orangenabrieb
- ¼ TL Meersalz
- \+ ein paar Prisen Chiliflocken (optional)
- 350 g fester Tofu, in 1 cm dicke Scheiben geschnitten und abgetupft (um überschüssige Feuchtigkeit zu entfernen)

ZUBEREITUNG

1. Ofen auf 200 °C vorheizen.
2. Orangensaft, Tamari-Soße, Tahini, Sirup, Apfelessig, Ingwer, Knoblauch, Orangenabrieb, Salz und Chiliflocken (falls verwendet) in einer kleinen Schüssel gut verquirlen.
3. Marinade in eine Auflaufform (circa 20 × 30 cm) gießen. Tofuscheiben hineinlegen und darin wenden, bis beide Seiten mit der Marinade überzogen sind.
4. 20 Minuten im Ofen backen.
5. Nach Geschmack salzen.

SERVIERVORSCHLAG: *Auf gekochtem Vollkorngetreide wie Quinoa, braunem Reis oder Vollkorncouscous oder zusammen mit Süßkartoffeln und gedünstetem Blattgemüse servieren.*

PRO PORTION: 122 Kalorien, 10 g Protein, 7 g Kohlenhydrate, 4 g Zucker, 7 g Gesamtfettgehalt, 49 % Fettkalorien, 1 g Ballaststoffe, 410 mg Natrium

LINSEN-BOLOGNESE

ERGIBT 4 PORTIONEN

Beeindrucken Sie Ihre Gäste – und sich selbst! – mit diesem köstlichen Pastagericht. Der Rotwein verleiht dieser Bolognese ihre Tiefe und Würze und das Mandelmehl das »gewisse Etwas«. Verzichten Sie also nicht auf diese beiden Geheimzutaten!

ZUTATEN

- 80 ml Rotwein
- 1 Zwiebel, gewürfelt
- ½ Karotte, fein gehackt
- 1 EL getrockneter Oregano
- 1 TL vegane Worcestershire-Soße
- ¾ TL geräuchertes Paprikapulver
- ½ TL Meersalz
- ¼ TL Muskat, gemahlen
- 300 g gekochte braune oder grüne Linsen
- 4 EL sonnengetrocknete Tomaten, gehackt
- 1 große Dose (800 g) stückige Tomaten (gern eine scharfe Variante, wenn Sie es feurig mögen)
- 2-3 EL Datteln, entsteint und fein gehackt
- 500 g trockene Pasta
- 50 g Mandelmehl (leicht geröstet, wenn Sie es besonders aromatisch mögen)

ZUBEREITUNG

1. Wein, Zwiebel, Karotte, Oregano, Worcestershire-Soße, Paprikapulver, Salz und Muskat in einen großen Topf auf hoher Flamme geben. 5 Minuten unter regelmäßigem Rühren schmoren.
2. Linsen, sonnengetrocknete Tomaten, stückige Tomaten und Datteln hinzufügen, umrühren und zum Kochen bringen. Flamme niedrig stellen, Topf abdecken und 20 bis 25 Minuten köcheln lassen.
3. Während die Soße köchelt, die Pasta gemäß Packungsangaben zubereiten. Wenn die Pasta al dente ist, abgießen und zurück in den Topf geben.
4. Mandelmehl in die Soße einrühren und ein paar weitere Minuten köcheln lassen.
5. Abschmecken, nach Geschmack nachwürzen und die Pasta kurz vor dem Servieren in den Topf zur Soße geben und damit vermengen.

VORSCHLAG: *Servieren Sie diese Soße statt mit Pasta auch einmal mit Polenta oder Ihrem Lieblingsvollkorngetreide.*

PRO PORTION: 754 Kalorien, 31 g Protein, 132 g Kohlenhydrate, 14 g Zucker, 11 g Gesamtfettgehalt, 12 % Fettkalorien, 17 g Ballaststoffe, 622 mg Natrium

EDAM-AVO-PASTA

ERGIBT 4 PORTIONEN

Diese Soße ist schon in Minuten fertig und schmeckt wunderbar cremig und vollmundig! Außerdem ist sie auch bei Kindern ein großer Hit.

ZUTATEN

- 60 g Edamame, blanchiert (siehe Edamame-Hinweis)
- 1½–2 kleine Avocados, gewürfelt oder in Scheiben geschnitten
- 4 EL Petersilie (siehe Petersilien-Hinweis)
- 1 kleine bis mittelgroße Knoblauchzehe
- ½ EL Kichererbsenmiso
- 1 TL Ahornsirup
- 2-2½ EL Zitronensaft
- ¾–1 TL Meersalz
- 300–360 ml Wasser
- 500 g trockene Pasta
- 3 EL Kalamata-Oliven, in Scheiben geschnitten, zum Garnieren (optional)

ZUBEREITUNG

1. Edamame, Avocados, Petersilie, Knoblauch, Misopaste, Sirup, 2 EL Zitronensaft, ¾ TL Salz und 300 ml Wasser in einen Mixer geben und glatt pürieren. Wenn die Mischung sehr dick ist und sich nicht gut pürieren lässt, das restliche Wasser untermixen.
2. Abschmecken und auf Wunsch den restlichen ¼ TL Salz und den restlichen ½ EL Zitronensaft hinzufügen. (Beachten Sie, dass die später hinzugefügten Oliven – falls verwendet – auch salzig sind.)
3. Pasta gemäß Packungsangaben kochen. Abgießen und Pasta zurück in den Topf auf dem abgestellten Herd geben.
4. Pastasoße darüber gießen und gut mit der Pasta vermischen.
5. Oliven unterheben, anrichten und sofort servieren.

EDAMAME-HINWEIS: *Edamame in einen Topf mit kochendem Wasser geben und 4 bis 5 Minuten kochen. Abgießen, in ein Sieb geben und mit sehr kaltem Wasser abschrecken. Wenn Sie kein Soja essen können, ersetzen Sie die Edamame mit grünen Kichererbsen.*

PETERSILIEN-HINWEIS: *Die Petersilie sorgt für die leuchtend grüne Farbe dieser Pastasoße. Wenn Sie Petersilie nicht mögen, können Sie frisches Basilikum verwenden oder die Kräuter ganz weglassen.*

SERVIER-HINWEIS: *Wegen ihrer Avocadobasis wird diese Soße nach einiger Zeit leicht bräunlich. Verwenden Sie sie daher noch am selben Tag, am besten sofort oder innerhalb weniger Stunden nach der Zubereitung.*

PRO PORTION: 599 Kalorien, 22 g Protein, 104 g Kohlenhydrate, 4 g Zucker, 10 g Gesamtfettgehalt, 14 % Fettkalorien, 9 g Ballaststoffe, 535 mg Natrium

TEX-MEX-REIS UND BOHNEN

ERGIBT 4 PORTIONEN

Dieses Gericht schmeckt auch ohne zusätzliche Dressings großartig, aber Sie können es gerne noch mit einem Klecks Grün-vor-Neid-Guacamole (Seite 73) krönen.

ZUTATEN

- 1½ Paprika, gehackt (Farbe nach Wunsch)
- 1 große Zwiebel, gehackt
- 1 EL getrockneter Oregano
- 2 TL Chilipulver
- ½ EL Paprikapulver
- ½ EL Kreuzkümmel, gemahlen
- 1 TL Knoblauchpulver
- ½ TL Zimt
- ½ TL Meersalz
- 2 EL Wasser + 625 ml Wasser (kochendes Wasser, wenn Sie einen Instant Pot verwenden)
- 100 g getrocknete rote Linsen
- 220 g brauner Reis, ungekocht (oder Quinoa, siehe Hinweis)
- 2 Dosen (je 400 g) schwarze Bohnen, abgegossen und gespült
- 4 EL Tomatenmark
- 1 Lorbeerblatt
- 2 EL Limettensaft
- \+ scharfe Soße nach Geschmack (optional)

ZUBEREITUNG

1. IM INSTANT POT: Paprika, Zwiebel, Oregano, Chilipulver, Paprikapulver, Kreuzkümmel, Knoblauchpulver, Zimt, Salz und 2 EL Wasser in einen Instant Pot geben und die Sautierfunktion anstellen. 3 bis 4 Minuten unter regelmäßigem Rühren sautieren.
2. Sautierfunktion ausschalten und Linsen, Reis, Bohnen, Tomatenmark, Lorbeerblatt und die restlichen 625 ml Wasser zugeben. Umrühren, Instant Pot mit Deckel schließen und auf 20 Minuten Schnellkochen einstellen.
3. Nach 20 Minuten den Druck manuell oder langsam natürlich entweichen lassen. Limettensaft einrühren, abschmecken und nach Geschmack nachwürzen.
4. Scharfe Soße nach Geschmack einrühren (falls verwendet) und servieren.
5. AUF DEM HERD: Paprika, Zwiebel, Oregano, Chilipulver, Paprikapulver, Kreuzkümmel, Knoblauchpulver, Zimt, Salz und 2 EL Wasser in einen großen Topf auf hoher Flamme geben. Unter regelmäßigem Rühren 4 bis 5 Minuten sautieren.
6. Linsen, Reis, Bohnen, Tomatenmark, Lorbeerblatt und die restlichen 625 ml Wasser einrühren. Auf hoher Flamme zum Kochen bringen. Flamme niedrig stellen, Topf abdecken und Mischung 35 Minuten köcheln lassen, bzw. bis der Reis weich ist.

7. Limettensaft einrühren, abschmecken und auf Wunsch nachwürzen.
8. Scharfe Soße nach Geschmack (falls verwendet) einrühren und servieren.

HINWEIS: *Sie können statt Reis auch Quinoa verwenden. Dadurch verkürzt sich die Kochzeit. In einem Instant Pot dauert es dann nur noch circa 10 Minuten, in einem Topf auf dem Herd circa 20 Minuten.*

PRO PORTION: 525 Kalorien, 24 g Protein, 103 g Kohlenhydrate, 7 g Zucker, 3 g Gesamtfettgehalt, 5 % Fettkalorien, 25 g Ballaststoffe, 898 mg Natrium

ITALIENISCHE KICHERERBSEN-BURGER

ERGIBT 9 BURGER

Diese Burger sind einzigartig! Ihre besondere Gewürzkombination sorgt für einen ganz besonderen Geschmack. Sie werden garantiert zu einem Ihrer neuen Lieblingsgerichte werden!

ZUTATEN

- 2 Dosen (je 400 g) Kichererbsen, abgegossen und gespült
- 1 mittelgroße bis große Knoblauchzehe, halbiert
- 2 EL Tomatenmark
- 1½ EL Rotweinessig (oder Apfelessig)
- 1 EL Tahini
- 1 TL Dijonsenf
- ½ TL Zwiebelpulver
- ½ TL Meersalz
- 2 EL frischer Oregano, gehackt
- 5 EL frisches Basilikum, grob gehackt
- 75 g Haferflocken
- 5 EL sonnengetrocknete Tomaten, gehackt (nicht in Öl mariniert)
- 8 EL Kalamata- oder grüne Oliven, grob gehackt

ZUBEREITUNG

1. Kichererbsen, Knoblauch, Tomatenmark, Essig, Tahini, Senf, Zwiebelpulver und Salz in eine Küchenmaschine geben und mixen, bis alles gut durchmischt ist.
2. Oregano, Basilikum und Haferflocken hinzufügen und kurz durchmixen. (Die Zutaten sollen gut vermischt, das Basilikum aber nicht zu fein gehäckselt sein.)
3. Zuletzt die sonnengetrockneten Tomaten und Oliven kurz untermixen und etwas stückig lassen.
4. Mischung in eine Schüssel geben, abdecken und 30 Minuten oder länger im Kühlschrank kalt stellen.
5. Ofen auf 200 °C vorheizen. Ein Backblech mit Backpapier auslegen.
6. Mit einem Eisportionierlöffel eiskugelgroße Portionen aus der Mischung herausstechen, mit etwas Abstand zueinander aufs Backblech setzen und zu flachen Patties drücken. Circa 20 Minuten im Ofen backen und die Patties nach der Hälfte der Backzeit wenden.
7. Die Patties alternativ in einer beschichteten Pfanne auf mittlerer Flamme 6 bis 8 Minuten pro Seite braten, bis sie goldbraun sind. Servieren.

SERVIERVORSCHLAG:
Auf Vollkornbrötchen, in Vollkorn-Pitabroten oder als Salat-Topping servieren.

VARIANTE: *Sie können die Mischung auch zu walnussgroßen »Hackbällchen« formen. Verwenden Sie dafür einen Teelöffel und setzen Sie die Bällchen auf das mit Backpapier ausgelegte Backblech. Backen Sie sie 16 bis 17 Minuten bei 200 °C im Ofen, bzw. bis sie fest sind. (Nicht zu lange backen, da sie sonst austrocknen.)*

PRO BURGER: 148 Kalorien, 6 g Protein, 23 g Kohlenhydrate, 4 g Zucker, 4 g Gesamtfettgehalt, 23 % Fettkalorien, 6 g Ballaststoffe, 387 mg Natrium

LINSEN-PILZ-TACOFÜLLUNG

ERGIBT 4 PORTIONEN

Diesen Mix können Sie auf dem Herd, aber auch im Ofen aufwärmen. Verwenden Sie ihn zusammen mit braunem Reis, Würzsoßen und Toppings als Füllung für Taco Shells oder Vollkornweizen-Tortillas.

ZUTATEN

- 550 g gekochte braune Linsen (siehe Linsen-Hinweis)
- 400–500 g Pilze, fein gehackt
- ½ Paprika, fein gehackt (Farbe nach Wunsch)
- 1 EL getrockneter Oregano
- 2 EL Kreuzkümmel, gemahlen
- 2 TL Chilipulver
- 1½ TL Zwiebelpulver
- 1 TL Knoblauchpulver
- 1 TL scharfe Chipotle-Soße
- 1 TL vegane Worcestershire-Soße
- ¼ TL Piment
- ¼ TL Chiliflocken (oder frische Chilischoten, fein gehackt, nach Geschmack, siehe Chilischoten-Hinweis)
- ¾–1 TL Meersalz
- 2-2½ EL Limettensaft

ZUBEREITUNG

1. Linsen, Pilze, Paprika, Oregano, Kreuzkümmel, Chilipulver, Zwiebel- und Knoblauchpulver, scharfe Soße, Worcestershire-Soße, Piment, Chiliflocken und ¾ TL Salz in einer großen Schüssel vermischen.
2. Eine beschichtete Pfanne auf mittlerer Flamme erhitzen.
3. Linsenmischung hineingeben und circa 10 Minuten unter gelegentlichem Rühren braten. Wenn die Mischung beim Braten anhängt (auch wenn die Pilze etwas Flüssigkeit abgeben), 1 oder 2 EL Wasser einrühren.
4. 2 EL Limettensaft hinzufügen und umrühren.
5. Auf Wunsch mit mehr scharfer Soße sowie dem restlichen ¼ TL Salz und ½ EL Limettensaft nachwürzen.

SERVIERVORSCHLAG: *In Taco Shells, einem Taco-Salat, auf Reis oder in Tortillas servieren. Mit fein gehacktem Blattsalat, gehackten Tomaten, gehackten Zwiebeln, Avocadowürfeln oder Guacamole oder anderen Toppings oder Würzsoßen servieren.*

LINSEN-HINWEIS: *Dank vorgekochter Linsen ist dieses Pfannengericht schnell zubereitet. Wenn Sie das nächste Mal braune Linsen kochen, bereiten Sie gleich mehr davon zu und bewahren Sie sie bis zu 5 Tage im Kühlschrank oder mehrere Monate im Gefrierfach auf.*

CHILISCHOTEN-HINWEIS: *Wenn Sie frische Chilischoten lieber mögen, verwenden Sie gern fein gehackte Jalapeño- oder andere frische Chilischoten (Menge nach Geschmack).*

PRO PORTION: 213 Kalorien, 16 g Protein, 38 g Kohlenhydrate, 3 g Zucker, 1 g Gesamtfettgehalt, 6 % Fettkalorien, 11 g Ballaststoffe, 501 mg Natrium

FALAFEL AUS GRÜNEN KICHERERBSEN

ERGIBT 4 PORTIONEN

Grüne Kichererbsen bringen eine Portion gesunde Frische in Ihre Falafel! Falls Sie sie nicht aufstöbern können, ersetzen Sie sie einfach wie im Hinweis beschrieben.

ZUTATEN

1	Tüte (400 g) gefrorene grüne Kichererbsen, aufgetaut (siehe Hinweis)
½	Handvoll glattblättrige Petersilie
½	Handvoll frisches Koriandergrün
1 ½ EL	frisch gepresster Zitronensaft
2	Knoblauchzehen
2 TL	Kreuzkümmel, gemahlen
½ TL	Kurkuma
1 TL	Koriander, gemahlen
1 TL	Meersalz
¼–½ TL	Chiliflocken
75 g	Haferflocken

ZUBEREITUNG

1. Kichererbsen, Petersilie, Koriandergrün, Zitronensaft, Knoblauch, Kreuzkümmel, Kurkuma, Koriander, Salz und Chiliflocken in eine Küchenmaschine geben. (¼ TL Chiliflocken, wenn Sie es milder, und ½ TL Chiliflocken, wenn Sie es schärfer mögen.) So lange häckseln, bis die Mischung fein und glatt wird.
2. Haferflocken hinzufügen und einige Male mixen, bis alles gut vermischt ist.
3. Die Mischung wenn möglich 30 Minuten im Kühlschrank kalt stellen.
4. Ofen auf 200 °C vorheizen. Ein Backblech mit Backpapier auslegen.
5. Mit einem Löffel walnussgroße Portionen aus der Mischung nehmen, zu Bällchen formen und mit etwas Abstand zueinander auf das Backblech setzen. 11 bis 12 Minuten backen, bis die Falafel außen fest werden (innen bleiben sie weich) und sich goldbraune Flecken bilden.

SERVIERVORSCHLAG: *Mit Vollkornpitabroten, gehacktem Kopfsalat, gehackter Gurke und Tomate servieren. Mit Leichter Tahinisoße beträufeln (Seite 85).*

HINWEIS: *Wenn Sie keine grünen Kichererbsen finden, können Sie stattdessen 200 g Kichererbsen aus der Dose und 200 g gefrorene grüne Erbsen verwenden.*

PRO PORTION: 253 Kalorien, 12 g Protein, 43 g Kohlenhydrate, 5 g Zucker, 4 g Gesamtfettgehalt, 14 % Fettkalorien, 10 g Ballaststoffe, 601 mg Natrium

BEILAGEN

GERÖSTETER ZITRONEN-BLUMENKOHL

ERGIBT 3 PORTIONEN

Der Zitronensaft und die subtile Note von geräuchertem Paprikapulver machen diesen gerösteten Blumenkohl zu einer besonders exquisiten Beilage.

ZUTATEN

- 3-4 EL Zitronensaft
- ½ EL Tahini
- ¼ TL geräuchertes Paprikapulver
- 1 mittelgroßer bis großer Kopf Blumenkohl, in Röschen geschnitten
- ¼ TL Meersalz
- \+ frisch gemahlener schwarzer Pfeffer nach Geschmack (optional)

ZUBEREITUNG

1. Ofen auf 230 °C vorheizen. Ein Backblech mit Backpapier auslegen.
2. Zitronensaft, Tahini und geräuchertes Paprikapulver in einer großen Schüssel verquirlen.
3. Blumenkohlröschen hineingeben und mit der Marinade überziehen.
4. Blumenkohl auf das Backpapier legen, die restliche Marinade aus der Schüssel darüber geben und mit Salz bestreuen. 25 bis 30 Minuten im Ofen backen, bis die Röschen goldbraun sind. Während des Backens einige Male wenden. (Größere Röschen brauchen länger, bis sie gar sind.)
5. Aus dem Ofen nehmen, auf Wunsch mit Salz und Pfeffer (falls verwendet) nachwürzen und servieren.

PRO PORTION: 51 Kalorien, 3 g Protein, 7 g Kohlenhydrate, 3 g Zucker, 2 g Gesamtfettgehalt, 33 % Fettkalorien, 4 g Ballaststoffe, 368 mg Natrium

KOKOS-CURRY-REIS

ERGIBT 3 PORTIONEN

Dieser Reis hat eine wunderschöne leuchtend gelbe Farbe und einen feinen, cremigen Geschmack mit einer leichten Currynote. Diese Beilage lässt sich leicht zubereiten und beeindruckt mit ihrem Aussehen und ihrem Geschmack.

ZUTATEN

200 g	regulärer brauner Reis oder brauner Basmati-Reis
320 ml	Wasser
160 ml	fettarme Kokosmilch
2 EL	frisch gepresster Limettensaft
1 TL	mildes Currypulver
¼ TL	Meersalz
¼ TL	Kurkuma, gemahlen
3-4 EL	frisches Koriandergrün, gehackt, zum Garnieren (optional)
+	Limettenspalten, zum Garnieren

ZUBEREITUNG

1. Reis, Wasser, Kokosmilch, Limettensaft, Currypulver, Salz und Kurkuma in einen Stieltopf geben, umrühren und auf hoher Flamme zum Kochen bringen. Flamme niedrig stellen, Topf abdecken und den Reis 35 bis 45 Minuten köcheln lassen, bis alle Flüssigkeit absorbiert und der Reis gar ist.
2. Herd abstellen und Reis abgedeckt 5 Minuten ziehen lassen.
3. Koriandergrün unterheben (falls verwendet), mit Limettenspalten garnieren und servieren.

Siehe Foto Seite 185.

PRO PORTION: 298 Kalorien, 6 g Protein, 56 g Kohlenhydrate, 2 g Zucker, 6 g Gesamtfettgehalt, 17 % Fettkalorien, 4 g Ballaststoffe, 303 mg Natrium

GEBACKENER TAMARI-TOFU

ERGIBT 4 PORTIONEN

Das ist das wohl einfachste Tofu-Rezept überhaupt, und trotzdem unglaublich lecker! Servieren Sie es zusammen mit Reis, Quinoa, Pasta, Pflanzenpower Pad Thai *(Seite 158) oder* Thailändischem Mais-Süßkartoffel-Eintopf *(Seite 123).*

ZUTATEN

3 EL	Tamari-Soße
450 g	fester Tofu

ZUBEREITUNG

1. Ofen auf 220 °C vorheizen.
2. Circa die Hälfte der Tamari-Soße in eine kleine ofenfeste Form gießen, die gerade groß genug für den Tofu ist.
3. Wasser aus dem Tofu herauspressen und mit Papierküchentüchern trocken tupfen.
4. Tofu in einige große Teile brechen und in die Form legen. Restliche Tamari-Soße über den Tofu gießen. 20 bis 25 Minuten im Ofen backen, bis der Tofu gebräunt ist und an einigen Stellen austrocknet.
5. Tofu zusammen mit der restlichen Tamari-Soße aus der Form auf Tellern oder in Schüsseln anrichten und servieren.

PRO PORTION: 87 Kalorien, 10 g Protein, 3 g Kohlenhydrate, 1 g Zucker, 5 g Gesamtfettgehalt, 46 % Fettkalorien, 1 g Ballaststoffe, 768 mg Natrium

SESAM-BROKKOLI

ERGIBT 3 PORTIONEN

Für diese verführerische Beilage wird gedämpfter Brokkoli in einer Tahinisoße gewendet und mit Sesamsamen bestreut. So einfach und doch so köstlich!

ZUTATEN

- 1 EL Tahini
- 1 ½ EL Kokosblütensirup
- 1 ½ EL Tamari-Soße
- 1 TL Apfelessig
- 1 TL Ingwer, geschält und frisch gerieben
- ¼ TL Knoblauchpulver
- 4-5 große Handvoll Brokkoliröschen
- 2 TL Sesamsamen (roh oder leicht geröstet)

ZUBEREITUNG

1. Tahini, Sirup, Tamari-Soße, Essig, Ingwer und Knoblauchpulver in einer großen Schüssel verquirlen und beiseitestellen.
2. Einen großen Topf 5 cm hoch mit Wasser füllen und einen Dämpfeinsatz hineinsetzen. Wasser auf hoher Flamme zum Kochen bringen.
3. Brokkoli in den Dämpfeinsatz geben und 3 bis 4 Minuten dämpfen, bis er leuchtend grün und bisszart ist. Herausnehmen und trocken tupfen.
4. Brokkoliröschen in die Schüssel zur Marinade geben und damit überziehen.
5. Mit Sesamsamen bestreuen und servieren.

PRO PORTION: 115 Kalorien, 5 g Protein, 17 g Kohlenhydrate, 8 g Zucker, 4 g Gesamtfettgehalt, 33 % Fettkalorien, 5 g Ballaststoffe, 558 mg Natrium

FOCACCIA

ERGIBT 2 PORTIONEN

Diese Focaccia steckt voller Geschmack, enthält aber kaum Fett.

ZUTATEN

180 ml	warmes Wasser
½	Päckchen Trockenhefe
½ EL	Kokosblütenzucker oder Ahornsirup
250 g	Weizenmehl (siehe Mehl-Hinweis)
¼ TL	Meersalz
1½–2 TL	frischer Rosmarin, gehackt (oder frischer Thymian)
½ TL	grobes Meersalz
+	frisch gemahlener schwarzer Pfeffer (nach Geschmack) oder Zitronenpfeffer

ZUBEREITUNG

1. Warmes Wasser, Hefe und Zucker oder Sirup in einer kleinen Schüssel verquirlen. (Das Wasser sollte warm, aber nicht heiß sein, da sonst die Hefekulturen absterben. Bei zu kaltem Wasser reagieren sie nicht.) 5 Minuten stehen lassen, bis die Mischung schaumig ist.
2. In der Zwischenzeit Mehl und Meersalz in einer großen Schüssel vermischen.
3. Wenn der Hefemix schaumig ist, mit einer Gabel unter das Mehl rühren. Den Teig in der Schüssel oder auf einer leicht gemehlten Arbeitsfläche ein paar Minuten mit den Händen durchkneten.
4. Eine große, saubere Schüssel leicht mit Kochspray einsprühen, den Teig zu einer Kugel rollen und in die Schüssel legen. Die Schüssel mit Klarsichtfolie abdecken und den Teig an einem warmen, aber nicht heißen Ort 30 Minuten oder länger gehen lassen.
5. Ofen mindestens eine halbe Stunde lang auf 230 °C vorheizen.
6. Eine große Lage Backpapier leicht mit Kochspray einsprühen.
7. Den Teig auf das eingesprühte Backpapier legen und mit den Fingern in Form drücken und ziehen. Die Focaccia kann rund, oval oder eher eckig sein – die Form, die Sie am liebsten mögen. Mit den Fingern kleine Vertiefungen in die Teigoberfläche drücken.
8. Rosmarin, grobes Salz und Pfeffer darüber streuen. 12 bis 15 Minuten im Ofen backen, bzw. bis der Rand goldbraun ist.
9. Aus dem Ofen nehmen, leicht abkühlen lassen, schneiden und servieren.

MEHL-HINWEIS: *Sie können für dieses Rezept auch Vollkornweizenmehl verwenden. Das weiße Mehl macht die Focaccia aber lockerer und weicher.*

PRO PORTION: 434 Kalorien, 17 g Protein, 91 g Kohlenhydrate, 4 g Zucker, 3 g Gesamtfettgehalt, 6 % Fettkalorien, 14 g Ballaststoffe, 973 mg Natrium

UNWIDERSTEHLICHE ZITRONEN-QUINOA

ERGIBT 3 PORTIONEN

Die Kombination aus Zitrone, Tahini und leckeren Gewürzen machen dieses Quinoa-Rezept zu etwas Außergewöhnlichem.

ZUTATEN

- 100 g Quinoa, gründlich gespült und abgegossen
- 320 ml Wasser
- 2 ½ EL Tamari-Soße
- 2 EL Tahini
- 3-4 EL frisch gepresster Zitronensaft
- ½ TL Knoblauchpulver

ZUBEREITUNG

1. Quinoa und Wasser in einen großen Stieltopf geben und auf hoher Flamme zum Kochen bringen. Umrühren und Flamme niedrigstellen. Topf abdecken und Quinoa 11 Minuten köcheln lassen.
2. Tamari-Soße, Tahini, Zitronensaft und Knoblauchpulver in einer kleinen Schüssel verquirlen.
3. Wenn die Quinoa gar ist, Flamme abstellen und die Soße unterrühren.
4. Topf erneut abdecken, Quinoa ein paar Minuten ziehen lassen und servieren.

PRO PORTION: 281 Kalorien, 11 g Protein, 40 g Kohlenhydrate, 4 g Zucker, 9 g Gesamtfettgehalt, 27 % Fettkalorien, 5 g Ballaststoffe, 861 mg Natrium

MARINIERTE GRÜNE BOHNEN

ERGIBT 3 PORTIONEN

Diese Bohnen sind frisch und voller Geschmack. Wenn Sie Reste im Kühlschrank durchziehen lassen, werden die Bohnen noch aromatischer und entwickeln eine köstliche Pökel-Note.

ZUTATEN

250–350 g grüne Bohnen, Enden abgeschnitten
1 EL Hefeflocken
1 TL Dijonsenf
1 EL Apfelessig
2 TL Kokosblüten- oder Ahornsirup
¼ TL Meersalz
\+ frisch gemahlener schwarzer Pfeffer nach Geschmack (optional)

ZUBEREITUNG

1. Einen großen Topf mit Wasser füllen und auf hoher Flamme zum Kochen bringen.
2. Grüne Bohnen hineingeben und 2 bis 3 Minuten kochen. Bohnen abgießen und mit kaltem Wasser abschrecken, damit sie nicht weiter garen.
3. Hefeflocken, Senf, Essig, Sirup, Salz und Pfeffer (falls verwendet) in einer großen Schüssel verquirlen.
4. Grüne Bohnen hineingeben und mit der Marinade überziehen.
5. Vor dem Servieren 30 Minuten ziehen lassen.

PRO PORTION: 47 Kalorien, 3 g Protein, 9 g Kohlenhydrate, 4 g Zucker, 0,4 g Gesamtfettgehalt, 8 % Fettkalorien, 3 g Ballaststoffe, 335 mg Natrium

WÜRZIGE SÜSSKARTOFFEL-POMMES

ERGIBT 4 PORTIONEN

Die pikante Würzmischung ist der ideale Kontrast zur natürlichen Süße der Süßkartoffeln. Diese Pommes werden Sie lieben!

ZUTATEN

- 1 ½ EL Balsamicoessig
- ½ EL Kokosblütensirup
- 1 TL getrockneter Oregano
- ½ TL getrockneter Rosmarin
- ½ TL getrocknetes Basilikum
- ½ EL Dijonsenf
- ½ TL Meersalz
- 1,5 kg Süßkartoffeln, gewaschen und Stifte geschnitten

ZUBEREITUNG

1. Ofen auf 220 °C vorheizen. Ein großes, tiefes Backblech mit Backpapier auslegen. Das Backpapier leicht mit Kochspray einsprühen.
2. Essig, Sirup, Oregano, Rosmarin, Basilikum, Senf und Salz in eine große Schüssel geben und verquirlen.
3. Süßkartoffelstifte hineingeben und mit der Marinade überziehen.
4. Stifte gleichmäßig auf dem vorbereiteten Backblech verteilen. Eventuell übrig gebliebene Marinade darüber träufeln. 55 bis 65 Minuten backen, bis die Süßkartoffel-Pommes weich sind und karamellisierte Stellen haben (lecker!). Während der Backzeit ein- bis zweimal wenden.
5. Aus dem Ofen nehmen und servieren.

PRO PORTION: 201 Kalorien, 4 g Protein, 46 g Kohlenhydrate, 16 g Zucker, 0,5 g Gesamtfettgehalt, 2 % Fettkalorien, 7 g Ballaststoffe, 414 mg Natrium

BLITZSCHNELLES KNOBLAUCHBROT

ERGIBT 4 PORTIONEN

Mit dieser einfachen Technik haben Sie schon innerhalb von Minuten ein leckeres Knoblauchbrot gezaubert.

ZUTATEN

- 1 Vollkornbaguette oder andere Vollkornbrotscheiben, gefroren
- 1-2 große Knoblauchzehen
- \+ ein paar Prisen Meersalz
- 2-3 TL Hefeflocken oder 1-2 EL *Balsamico-Reduktion* (Seite 83; optional)

ZUBEREITUNG

1. Ofen auf 200 °C vorheizen. Ein Backblech mit Backpapier auslegen.
2. Die gefrorenen Brotscheiben voneinander trennen und jede Scheibe mit Knoblauch einreiben. (Der Knoblauch wird durch das gefrorene Baguette zerrieben.) Scheiben mit Salz bestreuen und auf das Backblech setzen. 8 bis 9 Minuten im Ofen backen, bis die Scheiben leicht gebräunt sind und duften.
3. Mit Hefeflocken bestreuen oder mit Balsamico-Reduktion beträufeln (falls verwendet) und servieren.

PRO PORTION: 105 Kalorien, 4 g Protein, 20 g Kohlenhydrate, 2 g Zucker, 1 g Gesamtfettgehalt, 8 % Fettkalorien, 1 g Ballaststoffe, 448 mg Natrium

PILZ-»BACON«-STREIFEN

ERGIBT 4 PORTIONEN (ALS TOPPING)

In diesem Rezept verwandeln sich dünn geschnittene Shiitake-Pilze, die in einer rauchigen Marinade gebacken werden, in unglaublich leckere »Bacon«-Stückchen, die als Topping auf Pasta, Salaten und anderen Gerichten fantastisch schmecken.

ZUTATEN

- 30 g frische Shiitake-Pilze, Stiele entfernt (siehe Hinweis)
- 2 ½ TL Balsamicoessig
- 2 ½ TL Tamari-Soße
- 1 EL Ahornsirup
- ½ TL geräuchertes Paprikapulver
- ½ TL Dijonsenf
- ¼ TL Liquid Smoke
- \+ frisch gemahlener Pfeffer oder Zitronenpfeffer nach Geschmack

ZUBEREITUNG

1. Ofen auf 200 °C vorheizen. Ein Backblech mit Backpapier auslegen.
2. Pilze mit einem feuchten Papierküchentuch säubern und in dünne Scheiben schneiden.
3. Essig, Tamari-Soße, Sirup, Paprikapulver, Senf, Liquid Smoke und Pfeffer in einer großen Schüssel gut verquirlen.
4. Pilzscheiben hineingeben und mit der Marinade überziehen. Pilze auf das Backblech legen und 16 bis 17 Minuten im Ofen rösten. Nach der Hälfte der Röstzeit wenden.
5. Ofen ausschalten und die Pilze 10 weitere Minuten darin kross werden lassen. Nach 5 Minuten einmal wenden. Aus dem Ofen nehmen und abkühlen lassen.
6. Als Topping für Salate, Suppen, Pizzen und weitere Gerichte verwenden.

HINWEIS: *Kaufen Sie ein bisschen mehr als 250 g Shiitake-Pilze und entfernen Sie die holzigen Pilzstiele. Wenn Sie die Stiele nicht wegwerfen möchten, können Sie daraus eine Pilz- oder Gemüsebrühe kochen.*

PRO PORTION: 45 Kalorien, 2 g Protein, 9 g Kohlenhydrate, 6 g Zucker, 0,4 g Gesamtfettgehalt, 7 % Fettkalorien, 2 g Ballaststoffe, 233 mg Natrium

SÜSSKARTOFFELCHIPS

ERGIBT 3 PORTIONEN

Wenn diese krossen Chips aus dem Ofen kommen, werden Sie sie wahrscheinlich gleich an Ort und Stelle wegknuspern wollen. Wenn Sie sich beherrschen können, probieren Sie sie auch einmal als Topping auf großen Salaten oder Suppen aus.

ZUTATEN

500 g	Süßkartoffeln	½ EL	Ahornsirup
½ EL	Balsamicoessig	¼ TL	Meersalz

ZUBEREITUNG

1. Ofen auf 200 °C vorheizen. Ein großes Backblech mit Backpapier auslegen.
2. Süßkartoffeln schälen und mit dem Schäler dünne Süßkartoffelscheibchen abhobeln. (Alternativ die Süßkartoffeln mit einer Küchenmaschine in dünne Scheibchen hobeln.)
3. Scheibchen in eine große Schüssel geben und Essig und Sirup hinzufügen. Die Scheibchen mit den Händen so gleichmäßig wie möglich mit dem Essig und dem Sirup vermischen.
4. Auf das Backblech legen und auf ausreichend Platz zwischen den Scheibchen achten. Mit Salz bestreuen. 30 Minuten backen und dabei ein- bis zweimal wenden. Die Chips an den Rändern des Backblechs bräunen schneller, daher während des Backens immer wieder kurz durchmischen.
5. Ofen abstellen und Chips weitere 20 Minuten im Ofen lassen. Noch einmal mischen und weitere 15 bis 20 Minuten im Ofen lassen, bis sie schön kross sind.
6. Aus dem Ofen nehmen und losknabbern!

PRO PORTION: 94 Kalorien, 2 g Protein, 22 g Kohlenhydrate, 8 g Zucker, 0,1 g Gesamtfettgehalt, 1 % Fettkalorien, 3 g Ballaststoffe, 326 mg Natrium

GEGRILLTER SPARGEL

ERGIBT 3 PORTIONEN

Spargel schmeckt am besten, wenn man ihn so einfach wie möglich zubereitet. Gegrillt und mit ein paar wenigen Gewürzen versehen ist er eine fantastische Beilage!

ZUTATEN

500 g grüner Spargel
1 TL Zitronensaft
¼ TL Meersalz
+ Zitronenpfeffer (optional)

ZUBEREITUNG

1. Ofengrill anstellen und ein Backblech mit Backpapier auslegen.
2. Den Spargel waschen und die Enden leicht kürzen. (Mit einem Messer abschneiden oder einfach abbrechen, wenn der Spargel sehr knackig ist.) Spargel trocken tupfen und auf das Backblech legen.
3. Zitronensaft darüber geben und die Stangen darin wenden. Mit Salz bestreuen und 5 bis 6 Minuten im Ofen grillen, bis der Spargel leuchtend grün ist.
4. Aus dem Ofen nehmen, mit Zitronenpfeffer bestreuen (falls verwendet) und servieren.

PRO PORTION: 17 Kalorien, 2 g Protein, 3 g Kohlenhydrate, 1 g Zucker, 0,2 g Gesamtfettgehalt, 8 % Fettkalorien, 2 g Ballaststoffe, 206 mg Natrium

GERÖSTETE MAROKKANISCHE KICHERERBSEN

ERGIBT 3 PORTIONEN

Die warme und erdige Note dieser Gewürzmischung, die durch das Rösten ihr volles Aroma entfaltet, macht diese Kichererbsen zu einem köstlichen und außergewöhnlichen Snack.

ZUTATEN

- 1 Dose (400 g) Kichererbsen, abgegossen und gespült
- 1 EL Apfelessig
- ½ TL geräuchertes Paprikapulver
- ½ TL Kreuzkümmel, gemahlen
- ½ TL Zimt
- ½ TL getrocknetes Basilikum
- ½ TL Ahornsirup
- ¼ TL Meersalz

ZUBEREITUNG

1. Ofen auf 220 °C vorheizen. Ein Backblech mit Backpapier auslegen.
2. Kichererbsen, Essig, Paprikapulver, Kreuzkümmel, Zimt, Basilikum, Sirup und Salz in eine große Schüssel geben und gut vermischen.
3. Marinierte Kichererbsen gleichmäßig auf dem vorbereiteten Backblech verteilen und 15 bis 20 Minuten im Ofen backen, bis die Marinade absorbiert ist.
4. Warm servieren oder im Kühlschrank aufbewahren und später genießen.

Siehe Foto Seite 201.

PRO PORTION: 134 Kalorien, 7 g Protein, 22 g Kohlenhydrate, 4 g Zucker, 3 g Gesamtfettgehalt, 17 % Fettkalorien, 6 g Ballaststoffe, 389 mg Natrium

TERIYAKI-KICHERERBSEN

ERGIBT 7 PORTIONEN

Ein absolutes Dream-Team, von dem Sie bestimmt nicht genug bekommen können!

ZUTATEN

2	Dosen (je 400 g) Kichererbsen, abgegossen und gespült
1½ EL	Tamari-Soße
1 EL	Ahornsirup
1 EL	Zitronensaft
½–¾ TL	Knoblauchpulver
½ TL	Ingwerpulver
½ TL	Melasse

ZUBEREITUNG

1. Ofen auf 230 °C vorheizen. Ein Backblech mit Backpapier auslegen.
2. Kichererbsen, Tamari-Soße, Sirup, Zitronensaft, Knoblauchpulver, Ingwer und Melasse in eine große Schüssel geben und vermischen.
3. Marinierte Kichererbsen gleichmäßig auf dem Backblech verteilen und 20 bis 25 Minuten im Ofen backen, bis die Marinade absorbiert ist.
4. Warm servieren oder im Kühlschrank aufbewahren und später genießen.

VORSCHLAG: *Diese Kichererbsen sind nicht nur ein leckerer Snack, sondern auch ein großartiges Topping für Salate, Suppen und Pasta- und Pfannengerichte.*

PRO PORTION: 120 Kalorien, 6 g Protein, 20 g Kohlenhydrate, 5 g Zucker, 2 g Gesamtfettgehalt, 15 % Fettkalorien, 5 g Ballaststoffe, 382 mg Natrium

GEBACKENER BLUMENKOHL MIT KÄSENOTE

ERGIBT 6 PORTIONEN

Dieser Blumenkohl mit seiner cremigen, leicht säuerlichen Soße ist so unwiderstehlich, dass Sie ihn nicht nur als Beilage, sondern gleich als Hauptgericht zusammen mit Quinoa oder gedünstetem Blattgemüse werden essen wollen. Bereiten Sie am besten gleich die doppelte Menge davon zu!

ZUTATEN

- 3 EL Tahini
- 2 EL Hefeflocken
- 1 EL Zitronensaft
- ½ TL Ahornsirup oder Agavendicksaft
- ½ TL Meersalz
- 120 ml + 1 EL Pflanzenmilch, pur
- 400–450 g Blumenkohlröschen, klein geschnitten

TOPPING

- 1 EL Mandelmehl oder Semmelbrösel
- ½ EL Hefeflocken
- 1 Prise Meersalz

ZUBEREITUNG

1. Ofen auf 220 °C vorheizen. Eine Auflaufform (circa 20 × 20 cm) leicht mit Kochspray einsprühen.
2. Tahini, Hefeflocken, Zitronensaft, Ahornsirup oder Agavendicksaft und Salz in einer kleinen Schüssel verquirlen.
3. Pflanzenmilch nach und nach mit einem Schneebesen unterrühren.
4. Blumenkohl in die Auflaufform geben und die Soße darüber gießen. Verrühren, damit alle Röschen mit Soße überzogen sind.
5. Auflaufform mit Aluminiumfolie abdecken und 25 bis 30 Minuten backen, bis der Blumenkohl bisszart ist. Nach der Hälfte der Backzeit einmal umrühren.
6. Topping-Zutaten in einer kleinen Schüssel vermischen.
7. Blumenkohl aus dem Ofen nehmen und Topping darüber streuen. Wieder in den Ofen schieben und den Ofengrill anstellen. Circa 1 Minute grillen, bis das Topping goldbraun ist.
8. Aus dem Ofen nehmen, einige Minuten durchziehen lassen und servieren.

HINWEIS: *Wenn sich die Soße nach dem Backen trennt, rühren Sie sie gut um und backen Sie den Blumenkohl unabgedeckt ein paar weitere Minuten. Streuen Sie danach das Topping darüber und grillen Sie den Blumenkohl 1 Minute.*

PRO PORTION: 87 Kalorien, 5 g Protein, 7 g Kohlenhydrate, 2 g Zucker, 5 g Gesamtfettgehalt, 50 % Fettkalorien, 3 g Ballaststoffe, 270 mg Natrium

DESSERTS

NO-BAKE BROWNIE-BISSEN

ERGIBT CIRCA 23 STÜCK

Diese schokoladigen Leckerbissen schmecken wie Mini-Brownies und sind ganz leicht gemacht.

ZUTATEN

- 250 g Datteln, entsteint
- 100 g Rosinen
- 85 g Haferflocken
- 2 EL Kürbiskerne
- 4 EL Kakaopulver
- 2 EL pflanzliches Proteinpulver mit Schokoladengeschmack (optional)
- 1 Messerspitze Meersalz
- 1 TL Vanilleextrakt
- 3 EL zuckerfreie vegane Schokotropfen (optional)

ZUBEREITUNG

1. Datteln, Rosinen, Haferflocken und Kürbiskerne in eine Küchenmaschine geben und häckseln, bis die Mischung krümelig ist.
2. Kakaopulver, Proteinpulver (falls verwendet), Salz und Vanilleextrakt hinzufügen. Erneut mixen, bis die Mischung klebrig wird und sich Klumpen bilden.
3. Schokotropfen (falls verwendet) zugeben und mixen, bis sich eine große Kugel bildet.
4. Mit einem Esslöffel Portionen aus der Mischung herausstechen und walnussgroße Bällchen formen, bis alles aufgebraucht ist.
5. Bällchen bis zu einigen Wochen in einem luftdichten Behälter im Kühlschrank oder mehrere Monate im Gefrierfach aufbewahren.

PRO PORTION (3 BÄLLCHEN): 168 Kalorien, 4 g Protein, 38 g Kohlenhydrate, 24 g Zucker, 2 g Gesamtfettgehalt, 11 % Fettkalorien, 5 g Ballaststoffe, 41 mg Natrium

GEMIXTER BANANENKUCHEN

ERGIBT 9 PORTIONEN

Einfacher lässt sich nicht backen: Erst alles in den Mixer und dann ab in den Ofen – und fertig ist der Bananenkuchen!

ZUTATEN

4 EL	Kokosblüten- oder Ahornsirup
60 ml	Wasser
2 TL	Vanilleextrakt
1 TL	Zimt
½ TL	Muskat
¼ TL	Meersalz
5	sehr reife Bananen, in Scheiben geschnitten
130 g	Vollkorndinkelmehl
50 g	Haferflocken
2 TL	Backpulver

ZUBEREITUNG

1. Ofen auf 175 °C vorheizen. Eine Backform (circa 20 x 20 cm) leicht mit Kochspray einsprühen und den Boden der Form mit Backpapier auslegen.
2. Sirup, Wasser, Vanilleextrakt, Zimt, Muskat, Salz und 4 der 5 in Scheiben geschnittenen Bananen in den Mixer geben und glatt pürieren.
3. Mehl, Haferflocken, Backpulver und die restliche Banane zugeben. Einige Male durchmixen, bis alles gut miteinander vermischt ist. (Nicht pürieren, damit der Teig beim Backen nicht zäh wird.)
4. Mischung in die Backform geben und die Mixer-Innenwand mit einem Pfannenwender auskratzen.
5. 30 bis 32 Minuten backen, bis der Kuchen durchgebacken ist. (Ein in die Mitte gestochener Zahnstocher sollte sauber wieder herauskommen.)
6. Kuchen aus dem Ofen nehmen, in der Form lassen und vor dem Anschneiden vollständig abkühlen lassen.

PRO PORTION: 141 Kalorien, 3 g Protein, 32 g Kohlenhydrate, 14 g Zucker, 1 g Gesamtfettgehalt, 5 % Fettkalorien, 4 g Ballaststoffe, 177 mg Natrium

ERDBEER-CHIA-PUDDING

ERGIBT 2 PORTIONEN

Dank der gefrorenen Erdbeeren lässt sich dieser Pudding zu jeder Jahreszeit zubereiten – und zwar richtig schnell. Die Chiasamen werden mit den Beeren püriert, wodurch eine besonders cremige Konsistenz entsteht.

ZUTATEN

175 g	gefrorene ganze Erdbeeren
3 EL	weiße Chiasamen (siehe Chiasamen-Hinweis)
1 EL	Kokosblüten- oder Ahornsirup
1 TL	Zitronensaft
1	Prise Meersalz
120 ml	+ 2-3 EL fettarme Pflanzenmilch, pur

ZUBEREITUNG

1. Erdbeeren, Chiasamen, Sirup, Zitronensaft, Salz und 125 ml plus 2 EL Pflanzenmilch in einen Mixer geben und pürieren, bis die Chiasamen vollständig zermahlen sind und der Pudding beginnt einzudicken. (Beim Abkühlen dickt er noch weiter ein.)
2. Bei Bedarf den restlichen EL Pflanzenmilch untermixen.
3. Mischung in eine große Schüssel geben und 1 Stunde oder länger im Kühlschrank kalt stellen. (Durch das Abkühlen wird der Pudding dicker. Er kann aber auch sofort gegessen werden.)

CHIASAMEN-HINWEIS: *Verwenden Sie in diesem Rezept am besten weiße Chiasamen, da schwarze Chiasamen zu einer gräulichen Farbe führen.*

PRO PORTION: 185 Kalorien, 4 g Protein, 33 g Kohlenhydrate, 16 g Zucker, 5 g Gesamtfettgehalt, 24 % Fettkalorien, 9 g Ballaststoffe, 182 mg Natrium

ORANGEN-MANGO-CREME

ERGIBT 6 PORTIONEN (CIRCA 375 ML)

Diese Creme schmeckt wunderbar als Topping auf Pancakes, French Toast oder Haferbrei.

ZUTATEN

150 g	gefrorene Mango, gewürfelt
4 EL	eingeweichte Cashewkerne
120 ml	+ 1-3 EL Orangensaft
1-2 EL	Kokosblütensirup (optional)
1	Prise Meersalz

ZUBEREITUNG

1. Mango, Cashewkerne, 125 ml Orangensaft und Salz in einen Mixer geben und glatt pürieren. Ist die Mischung zu dick, je nach Bedarf die zusätzlichen 1 bis 3 EL Orangensaft untermixen.
2. Abschmecken und auf Wunsch den Kokosblütensirup untermixen.
3. Mit Obst, *Kinderleichten Bratäpfeln* (Seite 215) oder *Polenta-Frühstücksküchlein* (Seite 36) servieren.

PRO PORTION: 56 Kalorien, 1 g Protein, 8 g Kohlenhydrate, 6 g Zucker, 2 g Gesamtfettgehalt, 37 % Fettkalorien, 1 g Ballaststoffe, 50 mg Natrium

TRAUMHAFTES SCHOKOLADEN-GELATO

ERGIBT 3 PORTIONEN (680 ML)

Ein Dessert-Traum wird wahr! Dieses traumhafte Schokoladeneis besteht aus ganz einfachen und gesunden Zutaten. Sie brauchen nicht einmal eine Eismaschine!

ZUTATEN

1	kleine reife Avocado, gewürfelt
2 EL	Cashew- oder Mandelmus
120 ml	fettarme Pflanzenmilch
150 g	Datteln, entsteint
1,5	gefrorene, überreife Bananen, in Scheiben geschnitten
4 EL	Kakaopulver
½ TL	Vanilleextrakt
1	Messerspitze Meersalz

ZUBEREITUNG

1. Avocado, Nussmus, Pflanzenmilch, Datteln, Bananen, Kakao, Vanilleextrakt und Salz in einen Hochleistungsmixer geben und ganz glatt pürieren. (Wenn Sie einen regulären Mixer verwenden, weichen Sie die Datteln circa ½ Stunde in warmem Wasser ein und gießen Sie sie vor dem Pürieren ab.)
2. Eiscreme in einen Behälter geben und ins Gefrierfach stellen. Es dauert 4 bis 6 Stunden, bis sie richtig fest ist. Sie können sie aber auch schon eher essen, wenn Sie sie etwas cremiger mögen.

VORSCHLAG: *Dieses Gelato schmeckt auch ungefroren als Mousse oder Pudding fantastisch, besonders mit frischen Beeren oder anderem Obst.*

PRO PORTION: 320 Kalorien, 6 g Protein, 60 g Kohlenhydrate, 39 g Zucker, 11 g Gesamtfettgehalt, 28 % Fettkalorien, 10 g Ballaststoffe, 119 mg Natrium

BANANENBROT-NICE-CREAM

ERGIBT 3 PORTIONEN (420 ML)

Diese herrlich vollmundige Eiscreme schmeckt wie frisch gebackenes Bananenbrot!

ZUTATEN

100 g Datteln, entsteint (siehe Hinweis)
60–80 ml fettarme Pflanzenmilch, pur oder Vanillegeschmack
1 EL Cashew- oder Mandelmus
¼ TL Muskat, gemahlen
\+ ein paar Prisen Meersalz
3 überreife gefrorene Bananen, in Scheiben geschnitten

ZUBEREITUNG

1. Datteln und 60 ml Pflanzenmilch in einen Mixer geben und glatt pürieren. (Wenn Sie einen Hochleistungsmixer verwenden, sollte die Milchmenge ausreichen. Bei einem regulären Mixer brauchen Sie wahrscheinlich die gesamten 80 ml.)
2. Nussmus, Muskat und Salz hinzufügen und erneut pürieren.
3. Die Hälfte der Bananen zugeben und pürieren, bis eine glatte Mischung entsteht.
4. Restliche Bananen hinzufügen und nochmals glatt pürieren.
5. Mischung in einen Behälter geben und 1 bis 2 Stunden einfrieren (für Softeis) oder 4 bis 5 Stunden oder über Nacht, wenn Sie es fester mögen.

HINWEIS: *Wenn Ihre Datteln bereits weich sind, geben Sie sie direkt in den Mixer. Falls sie hart oder zäh sein sollten, weichen Sie sie vorher 15 Minuten in kochendem Wasser ein. Gießen Sie das Wasser vollständig ab, bevor Sie die Datteln in den Mixer geben.*

PRO PORTION: 198 Kalorien, 3 g Protein, 44 g Kohlenhydrate, 29 g Zucker, 3 g Gesamtfettgehalt, 14 % Fettkalorien, 5 g Ballaststoffe, 205 mg Natrium

KINDERLEICHTE BRATÄPFEL

ERGIBT 4 PORTIONEN

Bratäpfel mal anders! In diesem Rezept kommen sie nicht ganz in den Ofen, sondern werden halbiert und dann gefüllt. Die Zubereitung ist ein Kinderspiel, aber sie sehen trotzdem sehr beeindruckend aus, wenn sie aus dem Ofen kommen.

ZUTATEN

- **4** **Äpfel, Kerngehäuse entfernt und waagerecht halbiert**
- **2 TL** **Zitronensaft**
- **16** **Datteln, entsteint**
- **4 EL** **Mandelmehl (oder Erdmandelmehl als nussfreie Option)**
- **2 EL** **Kokosblütenzucker**
- **1 ½ TL** **Zimt**
- **1** **Messerspitze Meersalz**
- **60 ml** **kochendes Wasser**

ZUBEREITUNG

1. Ofen auf 200 °C vorheizen.
2. Äpfel mit Schnittseite nach oben in einen Glasbräter legen.
3. Zitronensaft über die Schnittseiten träufeln.
4. Je 2 Datteln in die Mitte jeder Apfelhälfte legen.
5. Mandelmehl, Zucker, Zimt und Salz in einer kleinen Schüssel vermischen und gleichmäßig auf den Apfelhälften verteilen.
6. Wasser auf den Boden des Bräters gießen. Mit Aluminiumfolie abdecken und 30 Minuten im Ofen backen.
7. Folie entfernen und die Äpfel weitere 7 bis 10 Minuten backen, bis die Oberfläche leicht gebräunt ist.
8. Aus dem Ofen nehmen, so lange wie gewünscht abkühlen lassen und servieren.

PRO PORTION: 242 Kalorien, 3 g Protein, 55 g Kohlenhydrate, 44 g Zucker, 4 g Gesamtfettgehalt, 14 % Fettkalorien, 8 g Ballaststoffe, 77 mg Natrium

APPLE CRISP

ERGIBT 4 PORTIONEN

Dieses leichte und gesunde Dessert lässt sich ganz schnell und einfach zubereiten. Sie können statt der Äpfel auch dieselbe Menge frische Birnen verwenden. Zusammen mit einem Klecks pflanzlicher Eiscreme oder pflanzenbasiertem Joghurt wird daraus ein himmlischer Genuss.

ZUTATEN

APFELMISCHUNG

- 3 EL frisch gepresster Orangen- oder Apfelsaft
- 2 EL Kokosblüten- oder Ahornsirup
- 2 EL Wasser
- 1½ EL frisch gepresster Zitronensaft
- 2 TL Pfeilwurzpulver oder Tapiokastärke (oder Bio-Speisestärke)
- 1 TL Zimt
- 1 Prise Piment
- 1 Messerspitze Meersalz
- 600–700 g Äpfel, Kerngehäuse entfernt, in kleine Stücke geschnitten (auf Wunsch geschält)

TOPPING

- 1½ EL Mandel- oder Cashewmus, roh oder geröstet
- 3 EL Kokosblüten- oder Ahornsirup
- 60 g Haferflocken
- 50 g Hafermehl
- 1 Messerspitze Salz

ZUBEREITUNG

1. Ofen auf 175 °C vorheizen.
2. FÜR DIE APFELMISCHUNG: Orangen- oder Apfelsaft, Sirup, Wasser und Zitronensaft in eine große Schüssel geben und umrühren.
3. Pfeilwurzpulver oder Tapiokastärke, Zimt, Piment und Salz hinzufügen und alles gut miteinander vermischen.
4. Apfelstücke hineingeben und mit der Mischung überziehen.
5. Mix in eine Backform aus Glas (circa 20 × 20 cm) geben.
6. FÜR DAS TOPPING: Nussmus und Sirup in eine mittelgroße Schüssel geben und gut verrühren.
7. Haferflocken, Hafermehl und Salz hinzufügen und mit einem Löffel verrühren oder mit den Fingern vermischen, bis eine krümelige Masse entsteht.
8. Streuselmasse gleichmäßig über die Apfelmischung krümeln.
9. Form mit Aluminiumfolie abdecken und Apple Crisp 35 Minuten im Ofen backen, bis die Äpfel weich sind.
10. Folie abnehmen und weitere 10 Minuten im Ofen backen, bis das Topping leicht knusprig ist.
11. Vor dem Servieren kurz abkühlen lassen.

PRO PORTION: 292 Kalorien, 6 g Protein, 59 g Kohlenhydrate, 30 g Zucker, 6 g Gesamtfettgehalt, 16 % Fettkalorien, 7 g Ballaststoffe, 166 mg Natrium

FEIN GESALZENE KARAMELLSOSSE

ERGIBT 4 PORTIONEN (180 ML)

Diese Soße schmeckt vorzüglich und ist obendrein einfach gemacht. Kombinieren Sie sie mit Desserts oder probieren Sie sie als Dip für Obst oder als Topping für Waffeln, Pancakes oder Obstparfaits.

ZUTATEN

- 100 g Datteln, entsteint (siehe Hinweis)
- 160 ml fettarme Pflanzenmilch
- 1 EL Mandel- oder Cashewmus (optional)
- ¼ TL Meersalz
- ¼ TL Vanillepulver oder ½ TL Vanilleextrakt

ZUBEREITUNG

1. Datteln, Pflanzenmilch, Nussbutter, Salz und Vanillepulver oder -extrakt in einen Mixer geben und glatt pürieren, bis die Soße leicht warm ist. (Mit einem Hochleistungsmixer geht es sehr schnell und leicht, mit einem regulären Mixer dauert es länger.)
2. Sofort servieren oder in einen luftdicht verschließbaren Behälter geben und bis zu einer Woche im Kühlschrank aufbewahren.

HINWEIS: *Wenn Ihre Datteln nicht sehr weich sind, weichen Sie sie 15 Minuten in kochendem Wasser ein und gießen Sie sie vor dem Pürieren gut ab.*

PRO PORTION: 67 Kalorien, 1 g Protein, 16 g Kohlenhydrate, 13 g Zucker, 0,3 g Gesamtfettgehalt, 4 % Fettkalorien, 2 g Ballaststoffe, 162 mg Natrium

BANANENBROT-PUDDING

ERGIBT 5 PORTIONEN

Ob als Dessert oder Frühstück – dieser Brotpudding schmeckt einfach fantastisch!

ZUTATEN

600–650 g	Brotwürfel (gekeimtes Vollkornbrot, oder ein Mix aus Brotresten)
80 ml	Ahornsirup
2 EL	Hanfsamen
2 EL	ganze Chiasamen
1 TL	Zimt
1 TL	Vanilleextrakt
1	Messerspitze Meersalz
360 ml	fettarme Pflanzenmilch, pur
3	überreife Bananen, in Scheiben geschnitten

ZUBEREITUNG

1. Ofen auf 175 °C vorheizen. Eine Auflaufform (circa 20 × 20 cm) leicht mit Kochspray einsprühen.
2. Brotwürfel in die Auflaufform geben.
3. Sirup, Hanfsamen, Chiasamen, Zimt, Vanilleextrakt, Salz und die Hälfte der Pflanzenmilch in einen Mixer geben und ganz glatt pürieren.
4. Restliche Milch und Bananenscheiben hinzufügen. Einige Male häckseln, damit die Bananenscheiben in kleine Stückchen zerkleinert werden, aber nicht pürieren.
5. Bananenmix über die Brotwürfel gießen und vorsichtig umrühren.
6. 40 Minuten im Ofen backen, bis die Oberfläche goldbraun und der Brotpudding einigermaßen fest ist. (Er darf eine weiche, puddingähnliche Konsistenz haben, sollte aber nicht auseinanderlaufen.)
7. Aus dem Ofen nehmen und vor dem Servieren leicht abkühlen lassen. Sie können ihn auch in Zimmertemperatur oder gekühlt genießen, aber warm schmeckt er am besten! (Siehe Hinweis.)

HINWEIS: *Wenn Sie Reste im Kühlschrank aufbewahren, können Sie diese vor dem Verzehr in derselben Form oder einer kleineren ofenfesten Form aufwärmen. Decken Sie sie mit Aluminiumfolie ab und lassen Sie den Pudding bei 175 °C so lange im Ofen, bis er gut durchgewärmt ist.*

PRO PORTION: 302 Kalorien, 8 g Protein, 58 g Kohlenhydrate, 24 g Zucker, 5 g Gesamtfettgehalt, 14 % Fettkalorien, 7 g Ballaststoffe, 370 mg Natrium

GEBACKENE SCHOKO-BANANEN

ERGIBT 5 PORTIONEN

Dieses Dessert ist unwiderstehlich! Sie werden begeistert sein, wie einfach es sich zubereiten lässt!

ZUTATEN

- 4-5 große reife Bananen, längs halbiert
- 2 EL Kokosblüten- oder Ahornsirup
- 1 EL Kakaopulver
- + ein paar Prisen Meersalz
- 2 EL vegane Schokotropfen (zum Garnieren)
- 1 EL gehackte Pecannüsse, Walnüsse, Mandeln oder Kürbiskerne (zum Garnieren)

ZUBEREITUNG

1. Ofen auf 230 °C vorheizen.
2. Ein Backblech mit Backpapier auslegen und die Bananenhälften darauflegen.
3. Sirup, Kakaopulver und Salz in einer kleinen Schüssel verrühren und über die Bananen träufeln.
4. Bananen 8 bis 10 Minuten im Ofen backen, bis sie weich und karamellisiert sind.
5. Mit Schokotropfen und gehackten Nüssen oder Kernen garnieren und servieren.

VORSCHLAG: *Mit einem Klecks pflanzlichem Vanille-Joghurt oder einem Löffel* Nice Cream *servieren.*

PRO PORTION: 146 Kalorien, 2 g Protein, 34 g Kohlenhydrate, 18 g Zucker, 3 g Gesamtfettgehalt, 16 % Fettkalorien, 4 g Ballaststoffe, 119 mg Natrium

HIMBEER-NICE-CREAM

ERGIBT 3 PORTIONEN

Dieses einfache und köstliche Rezept ist farbenfroh, erfrischend und schön cremig!

ZUTATEN

3 überreife Bananen, gefroren und in Scheiben geschnitten
250 g gefrorene oder frische Himbeeren
1 Prise Meersalz
1-2 EL Kokosblüten- oder 1-1 ½ EL Ahornsirup

ZUBEREITUNG

1. Bananen, Himbeeren, Salz und 1 EL Sirup in einer Küchenmaschine oder einem Hochleistungsmixer (siehe Hinweis) glatt pürieren.
2. Abschmecken und auf Wunsch den restlichen Sirup untermixen.
3. Sofort servieren, wenn Sie es weicher mögen, oder in einen luftdicht verschließbaren Behälter geben und 1 Stunde oder länger im Gefrierfach fest werden lassen.

HINWEIS: *Wenn Sie keinen Hochleistungsmixer haben, verwenden Sie eine Küchenmaschine, da ein regulärer Mixer die gefrorenen Beeren nur schwer ohne zusätzliche Flüssigkeit pürieren kann.*

PRO PORTION: 193 Kalorien, 3 g Protein, 47 g Kohlenhydrate, 24 g Zucker, 1 g Gesamtfettgehalt, 6 % Fettkalorien, 13 g Ballaststoffe, 101 mg Natrium

ANANAS-BANANEN-EIS

ERGIBT 3 PORTIONEN (750 ML)

Vor allem in den USA gibt es dieses beliebte Eis als »Pineapple Whip« unter anderem in Freizeitparks zu kaufen. Mit diesem Rezept können Sie eine gesunde, aber genauso leckere Version des Originals ganz einfach selbst machen.

ZUTATEN

- 280 g gefrorene Ananas, gewürfelt (siehe Ananas-Hinweis)
- 1,5 überreife Bananen, gefroren und in Scheiben geschnitten
- 4 TL Vanillepulver (optional)
- 1 kleine Prise Meersalz
- 80 ml + 1-2 EL fettarme Pflanzenmilch (siehe Milch-Hinweis)
- 2-3 TL Kokosblüten- oder Ahornsirup (optional)

ZUBEREITUNG

1. Ananas, Bananen, Vanillepulver, Salz und 80 ml Pflanzenmilch in eine Küchenmaschine oder einen Hochleistungsmixer (siehe Hinweis) geben. Mehrmals kurz häckseln und dann glatt pürieren. Bei Bedarf die restlichen 1 bis 2 EL Pflanzenmilch untermixen.
2. Wenn die Eiscreme glatt püriert ist, abschmecken und auf Wunsch den Sirup untermixen.
3. Sofort servieren oder in einen luftdicht verschließbaren Behälter geben und vor dem Servieren 1 Stunde oder länger im Gefrierfach fest werden lassen.

ANANAS-HINWEIS: *Sie können anstelle der Ananas auch gefrorene Mangowürfel verwenden. Fangen Sie zunächst mit 150 g gefrorenen Mangowürfeln an und verdoppeln Sie die Menge beim nächsten Mal, wenn es Ihnen geschmeckt hat. Möglicherweise brauchen Sie bei Mangos mehr Sirup zum Nachsüßen.*

MILCH-HINWEIS: *Je nachdem, welchen Mixer Sie verwenden und ob die Bananen Raumtemperatur haben, brauchen Sie mehr oder weniger Milch. Pürieren Sie das Obst und fügen Sie nach Bedarf Pflanzenmilch hinzu. Seien Sie geduldig und gießen Sie anfangs nicht zu viel Milch zu.*

MIXER-HINWEIS: *Wenn Sie keinen Hochleistungsmixer haben, verwenden Sie eine Küchenmaschine. Ein regulärer Mixer geht auch, kann das gefrorene Obst aber nicht so leicht zerkleinern, weshalb Sie vermutlich mehr Flüssigkeit brauchen, als es für dieses Rezept ideal ist.*

PRO PORTION: 109 Kalorien, 2 g Protein, 27 g Kohlenhydrate, 18 g Zucker, 0,5 g Gesamtfettgehalt, 4 % Fettkalorien, 3 g Ballaststoffe, 77 mg Natrium

HAFERKEKSE

ERGIBT 20 STÜCK

Kaum zu glauben, dass diese unwiderstehlichen Kekse ganz ohne Butter und Öl gemacht sind! Gesund und köstlich!

ZUTATEN

- 3-3 ½ EL Mandelmus (oder Erdmandelmus als nussfreie Option)
- 4 EL Ahornsirup
- 4 EL brauner Reissirup
- 2 TL Vanilleextrakt
- 150 g Hafermehl
- 85 g + 2 EL Haferflocken
- 1 ½ TL Backpulver
- ½ TL Zimt
- ¼ TL Meersalz
- 2-3 EL zuckerfreie vegane Schokotropfen

ZUBEREITUNG

1. Ofen auf 175 °C vorheizen. Ein Backblech mit Backpapier auslegen.
2. Mandelmus, Ahornsirup, braunen Reissirup und Vanilleextrakt in einen Mixer geben. Auf niedriger Stufe einige Minuten cremig mixen.
3. Mixer ausstellen und Hafermehl, Haferflocken, Backpulver, Zimt, Salz und Schokotropfen hinzufügen. Auf niedriger Stufe mixen, bis alles gut vermischt ist.
4. 1 ½ EL große Kleckse mit einem Abstand von 3 bis 5 cm auf das vorbereitete Backblech setzen und leicht flach drücken.
5. 11 Minuten backen, bis die Kekse beim Andrücken fest sind.
6. Kekse aus dem Ofen nehmen, eine Minute auf dem Backblech abkühlen lassen und danach auf ein Kuchengitter setzen.

PRO KEKS: 90 Kalorien, 2 g Protein, 16 g Kohlenhydrate, 4 g Zucker, 2 g Gesamtfettgehalt, 23 % Fettkalorien, 2 g Ballaststoffe, 75 mg Natrium

MANGO-NICE-CREAM

ERGIBT 4 PORTIONEN

Diese Eiscreme ist so cremig und leicht wie echtes italienisches Gelato und hat genau die richtige Süße. Unwiderstehlich!

ZUTATEN

300 g	gefrorene Mango, gewürfelt
1,5	überreife Bananen, gefroren und in Scheiben geschnitten (können auch in Raumtemperatur verwendet werden, müssen aber überreif sein)
1	Prise Meersalz
½ TL	Vanilleextrakt
60 ml	+ 1-2 EL fettarme Pflanzenmilch
2-3 EL	Kokosblüten- oder Ahornsirup (optional)

ZUBEREITUNG

1. Mango, Bananen, Salz, Vanilleextrakt und 60 ml Pflanzenmilch in eine Küchenmaschine oder einen Hochleistungsmixer (siehe Hinweis) geben. Einige Male häckseln und dann pürieren. Bei Bedarf die restlichen 1 bis 2 EL Milch untermixen.
2. Abschmecken und auf Wunsch Sirup untermixen.
3. Servieren oder in einen luftdicht verschließbaren Behälter geben und vor dem Servieren 1 Stunde oder länger im Gefrierfach fest werden lassen.

HINWEIS: *Wenn Sie keinen Hochleistungsmixer haben, verwenden Sie eine Küchenmaschine. Ein regulärer Mixer geht auch, kann aber das gefrorene Obst nicht so leicht zerkleinern, weshalb Sie vermutlich mehr Flüssigkeit brauchen, als es für dieses Rezept ideal ist.*

PRO PORTION: 116 Kalorien, 1 g Protein, 29 g Kohlenhydrate, 22 g Zucker, 0,5 g Gesamtfettgehalt, 4 % Fettkalorien, 2 g Ballaststoffe, 81 mg Natrium

KICHERNDER SCHOKOLADENKUCHEN

ERGIBT 6 PORTIONEN

Dieser Kuchen wird Sie gehörig überraschen! Erzählen Sie niemandem, was drinsteckt, sondern genießen Sie ihn einfach! Noch leckerer schmeckt er mit unserem Magischen Schokoguss (Seite 228).

ZUTATEN

- 65 g + 1 EL Kichererbsenmehl
- 50 g + 1 EL Mandelmehl
- 4 EL Kakaopulver
- 1 EL gemahlene Chiasamen
- 1 TL Natron
- 1 Messerspitze Meersalz
- 120 ml Aquafaba (abgegossene Flüssigkeit von 1 Dose Kichererbsen oder weißen Bohnen)
- 80 ml + ½–1 EL Kokosblütensirup
- 1 EL Balsamicoessig
- 2 TL Vanilleextrakt
- 2 EL vegane Schokotropfen (optional)

ZUBEREITUNG

1. Ofen auf 175 °C vorheizen. Eine runde Backform leicht mit Kochspray einsprühen und den Boden mit Backpapier auslegen.
2. Kichererbsenmehl, Mandelmehl, Kakaopulver, gemahlene Chiasamen, Natron und Salz in einer mittelgroßen Schüssel vermischen.
3. Aquafaba, Sirup, Essig und Vanilleextrakt hinzufügen und mit einem Schneebesen verrühren, bis alle Kichererbsenmehlklümpchen verschwunden sind.
4. Schokotropfen unterheben (falls verwendet) und den Teig in die vorbereitete Form geben.
5. Circa 27 Minuten im Ofen backen, bis ein Zahnstocher nach dem Einstechen in die Mitte sauber wieder herauskommt.
6. Backform auf einem Kuchengitter abkühlen lassen.
7. Den Kuchen vor dem Lösen aus der Form vollständig abkühlen lassen.

VORSCHLAG: *Sie können den Teig auch in Muffins verwandeln. Dafür eine Muffinform mit 12 Muffinpapierförmchen auskleiden und die Muffins bei 175 °C 17 bis 18 Minuten im Ofen backen, bzw. bis ein Zahnstocher nach dem Einstechen in die Mitte eines Muffins sauber wieder herauskommt.*

PRO PORTION: 160 Kalorien, 5 g Protein, 23 g Kohlenhydrate, 14 g Zucker, 7 g Gesamtfettgehalt, 36 % Fettkalorien, 4 g Ballaststoffe, 687 mg Natrium

MAGISCHER SCHOKOGUSS

ERGIBT 6 PORTIONEN (GENUG FÜR DIE GLASUR EINES EINSTÖCKIGEN KUCHENS WIE BSPW. *KICHERNDER SCHOKOLADENKUCHEN* (SEITE 226))

Das ist möglicherweise der einfachste Schokoguss, den Sie je zubereitet haben – und gleichzeitig der gesündeste!

ZUTATEN

- 130 g fester Seidentofu, trocken getupft (siehe Hinweis)
- 4 EL Kakaopulver
- 4 EL Datteln, entsteint
- ½–1 TL Vanilleextrakt
- ½ TL Orangen- oder Mandelextrakt (wenn Sie nur die Hälfte des Vanilleextrakts verwenden)
- \+ ein paar Prisen Meersalz
- 4-5 EL brauner Reissirup oder dickflüssiger Kokosblütensirup

ZUBEREITUNG

1. Tofu, Kakao, Datteln, Vanilleextrakt, Orangen- oder Mandelextrakt (falls verwendet), Salz und 4 EL Sirup in einen Hochleistungsmixer oder eine Küchenmaschine geben und glatt pürieren. (Keinen regulären Mixer verwenden, da dieser den Tofu nicht fein genug püriert.)
2. Abschmecken und auf Wunsch den restlichen Sirup untermixen.
3. Masse in einen Behälter füllen und im Kühlschrank kalt stellen (Guss setzt sich beim Abkühlen und dickt ein).

HINWEIS: *Verwenden Sie für dieses Rezept unbedingt Seidentofu und keinen regulären, da er eine viel feinere und cremigere Konsistenz hat.*

Siehe Foto Seite 227.

PRO PORTION: 94 Kalorien, 4 g Protein, 19 g Kohlenhydrate, 8 g Zucker, 2 g Gesamtfettgehalt, 16 % Fettkalorien, 2 g Ballaststoffe, 122 mg Natrium

BEEREN-COBBLER

ERGIBT 4 PORTIONEN

Dieses spektakuläre Dessert können Sie mit frischen oder gefrorenen Beeren zubereiten und das ganze Jahr über genießen.

ZUTATEN

TEIG-TOPPING

160 g	Dinkelmehl
2 EL	Kokosblütenzucker
1 TL	Backpulver
½ TL	Zimt
1	Messerspitze Meersalz
120 ml	fettarme Pflanzenmilch
4 EL	Apfelmark
2 TL	Zitronensaft
1 TL	Zitronenabrieb

BEERENBASIS

500–550 g	frische oder gefrorene Beeren (siehe Hinweis)
2 EL	Kokosblütenzucker
2 TL	Tapiokastärke
1 TL	Vanilleextrakt
1	Prise Meersalz
60 ml	Wasser

ZUBEREITUNG

1. Ofen auf 175 °C vorheizen.
2. FÜR DAS TEIG-TOPPING: Mehl, Zucker, Backpulver, Zimt und Salz in einer großen Schüssel vermischen.
3. Milch, Apfelmark, Zitronensaft und Zitronenabrieb in einer kleinen Schüssel verrühren.
4. Feuchte Zutaten unter die trockenen rühren, bis ein gut verrührter, recht dicker Teig entsteht.
5. FÜR DIE BEERENBASIS: Beeren, Zucker, Tapiokastärke, Vanilleextrakt und Salz in eine Auflaufform aus Glas (circa 20 × 20 cm) geben und gut vermischen.
6. Wasser einrühren.
7. Den Teig grob über der Beerenbasis verteilen. (Die Beeren müssen nicht vollständig damit bedeckt sein.)
8. 45 Minuten im Ofen backen, bis das Teig-Topping gut durchgebacken ist.

HINWEIS: *Wenn Sie gefrorene Beeren verwenden, verlängert sich die Backzeit um 5 bis 10 Minuten.*

PRO PORTION: 225 Kalorien, 6 g Protein, 51 g Kohlenhydrate, 24 g Zucker, 1 g Gesamtfettgehalt, 5 % Fettkalorien, 7 g Ballaststoffe, 285 mg Natrium

DANKSAGUNG

Dieses Buch ist das Ergebnis einer gemeinschaftlichen Anstrengung. Wir sind allen, die an seiner Entstehung beteiligt waren, zutiefst dankbar.

Ein großer Dank gilt an erster Stelle unseren Rezepttesterinnen und -testern: Carrie Bagnell Horsburgh, Cintia Bock, Sarah Wise, Eve Lynch, Christine Magiera, Michelle Bishop, Natalie Collins, Tami Kramer, Amy Johnson, Don Kearney Bourque, Jenni Mischel, Nina Windhauser und Kim Davis. Eure Hilfe und euer Feedback waren für uns von unschätzbarem Wert. Ebenso danken wir der Ernährungswissenschaftlerin Amber Green für die Erstellung der Nährwertangaben. Auch Ashley Flitter, die für die gute Organisation und den reibungslosen Ablauf unserer Arbeit gesorgt hat, danken wir vielmals. Dreena bedankt sich besonders bei Paul, Charlotte, Bridget und Hope – vor allem dafür, dass sie ihre Begeisterung für ihre Arbeit teilen und ihr immer ein aufrichtiges Feedback zu ihren Rezepten geben.

Ein besonderer Dank geht zudem an Brian DeFiore und Sharon Bowers für ihren kontinuierlichen Beistand und Rat während des gesamten Projekts, sowie an Marisa Vigilante für ihre exzellente Arbeit als Lektorin und ihre Unterstützung.

ÜBER DIE AUTOREN

DR. NEAL BARNARD ist Fellow des *American College of Cardiology*, außerordentlicher Professor für Medizin an der *George Washington University School of Medicine* in Washington D. C. und Präsident des *Physicians Committee for Responsible Medicine*. Dr. Barnard leitete zahlreiche Forschungsstudien, die die Auswirkungen der Ernährung auf Diabetes, Körpergewicht und chronische Schmerzen untersuchten. Zu diesen zählte eine wegweisende Studie über Ernährungsinterventionen bei Typ-2-Diabetes, die von den *National Institutes of Health* finanziert wurde. Darüber hinaus ist Dr. Barnard Autor von über 80 wissenschaftlichen Publikationen sowie 20 Büchern, die sich sowohl an das medizinische Fachpublikum wie auch an interessierte Laien richten. 2016 gründete er das *Barnard Medical Center* in Washington D. C. als Modell für eine medizinische Versorgung, bei der die Ernährung ein wesentlicher Bestandteil der medizinischen Behandlung ist.

DREENA BURTON zählt zu den Pionierinnen der veganen Kochbuchautorinnen und -autoren. Die Mutter dreier kleiner Veganerinnen lebt schon seit über 25 Jahren vegan. In ihrer Laufbahn als pflanzenbasierte Köchin hat sie bereits 5 Bestseller-Kochbücher veröffentlicht, darunter auch ihr neuestes, sehr beliebtes Werk *Familien mit Pflanzenpower*.

Dreena hat sich auf die Entwicklung ölfreier, vollwertiger veganer Rezepte spezialisiert. Ihre allerwichtigste Geheimzutat ist jedoch ihre Leidenschaft. Dreenas gelingsichere Rezepte kombinieren gesunde, vollwertige Zutaten auf eine überraschend köstliche und abwechslungsreiche Weise und sind für ihren großartigen Geschmack und ihre wunderbare Konsistenz bekannt.

Ihre Rezepte erscheinen regelmäßig in Print- und Online-Publikationen des *Physicians Committee for Responsible Medicine*, bei *Forks Over Knives*, *Engine 2 Diet*, *UC Davis Integrative Medicine*, *Kris Carr*, *Blue Zones*, der *Humane Society* und dem *Food Network*.

Auf dreenaburton.com finden Sie viele weitere Informationen und die Möglichkeit zum Austausch mit Dreenas Online-Community.

ABBILDUNGSVERZEICHNIS

Bilder © Mitch Mandel:
Rezeptfotos auf den Seiten vii–xii (unten), 18, 23, 26, 33-34, 39-40, 47, 50, 57, 65, 70, 80, 84, 90-95, 103, 110, 115-116, 122, 129, 135-136, 143, 148, 152, 159, 164, 170, 175, 180, 182, 185, 188, 192, 194, 199, 201, 205-206, 210, 217, 220, 227

Bilder von shutterstock.com:
Seite ii, xxiv, 230-231: © tanya_morozz
Seite vi: © mexrix (Zimtpulver), Pixel-Shot (Himbeere, Minze)
Seite viii: © nathanipha99 (Kurkumapulver), New Africa (Siruptropfen)
Seite ix: © onair
Seite x: © Nataly Studio
Seite xi: © virtu studio (Basilikum), Oksana Mizina (Soße)
Seite xii: © MaraZe
Seite xiii: © xpixel (Paprikapulver), D_M (Pfirsich)
Seite xiv: © Timolina
Seite vii, xvii, xx–xxi, 2, 6, 9, 12, 17 (Bohnen, Grünkohl): © StudioPhotoDFlorez
Seite xxii–xxiii: © Yasonya
Seite 14: © Alena Brozova
Seite 17: © Ngukiaw (Salat)
Seite 30: © Life morning
Seite 76: © etorres
Seite 119: © Picture Partners
Seite 125: © mythja
Seite 141: © Nagritsamon Ruksujjar
Seite 154: © Irina Meliukh
Seite 162: © Nataliya Arzamasova
Seite 167: © valkyrielynn
Seite 177: © Nina Firsova
Seite 179: © Aquarius Studio

BEZUGSQUELLEN

Die meisten der im Buch erwähnten Produkte sind in gängigen Naturkostläden erhältlich. Sie können sie auch direkt über unseren Online-Shop www.narayana-verlag.de in der Kategorie »Naturkost« erhalten. Dort finden Sie ein großes Sortiment an ausgewählten Naturkostprodukten. Auch Nahrungsergänzungsmittel unserer Eigenmarke »Unimedica« und viele Superfoods sind dort erhältlich.

INDEX

C

D

E

F

G

H

I

J

K

L

M

N

O

P

Q

R

S

T

V

W

Z

NEAL BARNARD

DR. BARNARDS REVOLUTIONÄRE METHODE GEGEN DIABETES

Diabetes heilen ohne Medikamente – wissenschaftlich bewiesen

368 Seiten, geb., € 23,80

In einer Serie staatlich geförderter Studien konnte Dr. Barnard beweisen, dass es möglich ist, Insulinsensitivität zurückzuerlangen und Diabetes Typ 2 zu lindern und teilweise sogar zu heilen.
Dr. Neal Barnard, international renommierter Ernährungsexperte und New York Times Bestseller-Autor, weist den Weg aus dem Teufelskreis von immer mehr Medikamenten, Gewichtszunahme und den bekannten Komplikationen der Zuckerkrankheit. Der Mediziner konzentriert sich dabei voll und ganz auf eine Ernährungsumstellung, nicht auf Medikamente. Er erklärt, welchen Einfluss die Nahrung auf die Funktionsweise der Bauchspeicheldrüse hat, welche Lebensmittel für Diabeteserkrankte besonders wertvoll sind und welche gemieden werden sollten. Mit 55 Einsteigerrezepten sowie ausgewogenen Menüvorschlägen.
Kontrollieren Sie Ihren Blutzucker mit diesem wissenschaftlich geprüften, lebensverändernden Programm dreimal effektiver als mit empfohlenen Standarddiäten. Diabetes ist heilbar – fangen Sie heute damit an.

NEAL BARNARD

POWERFOODS FÜR DAS GEHIRN

Der wirkungsvolle 3-Punkte-Plan für ein leistungsstarkes Gehirn und zum Schutz vor Alzheimer

327 Seiten, geb., € 24,80

Dr. Neal Barnard präsentiert die aktuellsten Forschungsergebnisse und verrät, mit welchen Lebensmitteln Sie Ihr Gedächtnis stärken, Ihre Denk-, Reaktions- und Problemlösungsfähigkeit verbessern und gleichzeitig das Risiko für Alzheimer, Schlaganfälle und andere ernste Risiken deutlich verringern können. Zusätzlich klärt Dr. Barnard darüber auf, welche Lebensmittel Ihrem Gehirn weitaus mehr schaden als nutzen, wie bspw. Fleisch- und Milchprodukte und die darin enthaltenen giftigen Metalle.
Mit seinem effektiven 3-Punkte-Plan können Sie die Theorie einfach und leicht in die Praxis umsetzen und Ihrem Gehirn eindrucksvoll auf die Sprünge helfen.
Powerfoods für das Gehirn enthält einen Menüplan mit köstlichen Rezepten wie Heidelbeer-Buchweizen-Pfannkuchen, herzhafte Portobello-Burger und saftige Brombeerriegel, die nur die gesündesten Zutaten enthalten. Außerdem sind Strategien zur Minimierung gesundheitlicher Risiken und leicht in den Alltag integrierbare Übungen zur Stärkung des Gehirns und Verbesserung des Gedächtnisses zu finden.

NEAL BARNARD

RAUS AUS DER KÄSEFALLE

Warum der Verzicht auf Käse uns schlanker, gesünder und vitaler macht

322 Seiten, geb., € 24,80

Dr. Neal Barnard hat nach grundlegender Recherche die verstörenden Fakten über Käse zusammengetragen. Käse steckt randvoll mit Kalorien, Fett, Salz, Hormonen und Cholesterin. Er lässt uns zunehmen und ist für diverse Gesundheitsprobleme verantwortlich, darunter Bluthochdruck, Diabetes oder Arthritis. Seine milden Opiate stürzen uns in eine Abhängigkeit, da sie dieselben Gehirnrezeptoren beeinflussen wie Heroin und Morphium.

Barnards Aufklärungsbuch vermittelt die wissenschaftlichen Hintergründe zum Thema Käse sowie so einschlägige wie unappetitliche Fakten über dessen Herstellung und das Schicksal der Tiere in der Milchindustrie. Darüber hinaus enthält es ein praktisches und im Alltag leicht umsetzbares Programm, mit dem Sie Ihre Käsesucht überwinden, abnehmen, sich vitaler und energiegeladener fühlen und insgesamt gesünder werden können.

Eine Sammlung köstlicher Rezepte hilft Ihnen dabei, Ihre Käselust mit gesunden Gerichten wie Cashew-Parmesan, Spinat-Süßkartoffel-Lasagne oder Mac ’n Trees zu stillen.

NEAL BARNARD / JENNIFER K. REILLY

DEN KREBS ÜBERLEBEN

Mit gezielter Ernährung den Heilungsprozess unterstützen

352 Seiten, geb., € 24,80

Forschungen zeigen, dass viele Lebensmittel, die Krebs vorbeugen, dazu verhelfen können, diesen auch zu bekämpfen.

Ganz oben auf der Liste der Nahrungsmittel, die aus unserem Speiseplan herausgestrichen werden sollten, stehen alle Lebensmittel, die Hormone beeinflussen und damit das Krebswachstum fördern. Stattdessen wird eine ballaststoffreiche, fettarme und fleischlose Ernährung gewählt, weil sie die Östrogene reduziert und den Darm entschlackt. Auch Milchprodukte sollten weitestgehend vermieden werden, da sie laut Studien u. a. das Prostatakrebsrisiko erhöhen.

Wahre Krebskiller sind Antioxidantien, die reichlich in Obst und Gemüse vorkommen. Auch Vitamine und Spurenelemente, die das Immunsystem stärken, sind sehr wichtig für die Krebsbekämpfung.

Dass unsere Lebensmittel Heilmittel sind, wenn sie richtig gewählt werden, zeigt das Praxishandbuch. Detaillierte Informationen über die verschiedenen Obst- und Gemüsesorten und ihre hohe Konzentration an schützenden Substanzen, viele Tipps über die verschiedenen Zubereitungsarten und leicht nachzukochende Rezepte erleichtern den Einstieg in eine sehr bewusste Ernährungsweise.

DENISE KRUGER FANTOLI

DAS GROSSE GAPS KOCHBUCH

238 heilende Rezepte für das Gut and Psychology Syndrome gegen Autismus, ADHS, Allergien, Depressionen etc. Mit Vorwort von Dr. Natasha Campbell-McBride, Erforscherin des GAPS.

313 Seiten, geb., € 34,80

Mit der GAPS-Diät chronische Krankheiten heilen – wie dies möglich ist zeigt uns Denise Krüger Fantoli in ihrem großen GAPS Kochbuch.
Das große GAPS-Kochbuch richtet sich an alle, die an psychischen und physischen Erkrankungen leiden, deren Ursache im Darm zu suchen ist. Dazu zählen Autismus, ADHS, Depressionen, Schizophrenie, Zwangs- und Verhaltensstörungen und Panikattacken genauso wie Allergien, Asthma, HNO-Erkrankungen, Gelenk- und Muskelschmerzen, Nahrungsmittelunverträglichkeiten und Autoimmunerkrankungen wie Multiple Sklerose, Zöliakie, rheumatoide Arthritis, Diabetes oder Morbus Crohn. Mit ihrem großen GAPS-Kochbuch gibt Kruger Fantoli allen Patienten eine Perspektive, die nach einem ganzheitlichen Heilungsweg suchen und dabei selbst aktiv werden wollen.Kontrollieren Sie Ihren Blutzucker mit diesem wissenschaftlich geprüften, lebensverändernden Programm dreimal effektiver als mit empfohlenen Standarddiäten. Diabetes ist heilbar – fangen Sie heute damit an.

MICHAEL GREGER / GENE STONE

DAS HOW NOT TO DIE KOCHBUCH

Über 100 Rezepte, die Krankheiten vorbeugen und heilen

272 Seiten, geb., € 29,–

Einführend erläutert Dr. Greger die Gründe für seine ernährungswissenschaftliche Mission, geht auf die 15 häufigsten Todesursachen der westlichen Welt ein und verrät die beste Strategie, um diesen zu entkommen: eine vollwertige, pflanzenbasierte Ernährung. Die verwendeten Zutaten basieren überwiegend auf dem „Täglichen Dutzend" – den Lebensmitteln und Energielieferanten, die am nährstoffreichsten sind und reichlich Abwehrstoffe enthalten.
In diesem Buch finden Sie Rezepte für sämtliche Tageszeiten und Anlässe, von leckeren Ideen für Frühstück, Mittag- und Abendessen über Snacks für zwischendurch, Salate, Suppen und Beilagen bis hin zu Desserts oder Getränken. Verführerische Fotos werden Ihnen das Wasser im Mund zusammenlaufen lassen und Lust aufs Nachkochen machen.
Ob Arme Ritter mit Beerensoße, Goldenes Quinoa-Taboulé, Grünkohlsalat mit göttlichem Avocado-Dressing, Lasagne aus geröstetem Gemüse, Blumenkohlsteaks mit Chermoula-Soße oder Mandel-Schokoladen-Trüffel und Knusprig gefüllte Bratäpfel – mit diesen Gerichten verwöhnen Sie nicht nur Ihre Seele, sondern stärken auch nachhaltig Ihre Gesundheit.

MAX LUGAVERE / PAUL GREWAL

GENIALES ESSEN

Wie gesunde Ernährung glücklicher, klüger und produktiver macht

448 Seiten, geb., € 24,80

Durch die richtige Ernährung das Demenzrisiko senken: Mit Geniales Essen legt Max Lugavere einen wirkmächtigen Leitfaden vor, mit dem die Funktion und Gesundheit des Gehirns optimiert werden kann. So überrascht es nicht, dass sein New York Times Bestseller schon als Gebrauchsanweisung für das Gehirn bezeichnet wurde. Lugavere deckt er die erstaunliche Verbindung zwischen Ernährung, Lebensstil und Gehirnfunktion auf. Durch die leicht verständliche Sprache macht das Buch Spaß zu lesen und gibt leicht umsetzbare praktische Anleitungen und Informationen für den Alltag:
Abgerundet wird das Werk mit dem Genius Plan, der die Grundlagen der Ernährung für eine optimale Gehirnleistung bildet und einer Rezeptsammlung, mit der Sie direkt zur Tat schreiten können.

PALMER KIPPOLA

AUTOIMMUNERKRANKUNGEN HEILEN

Wie Sie mit 6 Werkzeugen wieder gesund werden.

Mit Vorwort des New York Times Besteller Autors Dr. Mark Hyman.

416 Seiten, geb., € 23,80

Palmer Kippolas inspirierende Heilungsgeschichte, die Patiengeschichten von führenden Ärzten sowie die in diesem Buch gesammelten aktuellsten Forschungsergebnisse bringen die Tatsachen klar auf den Punkt: Es gibt Hoffnung für alle Betroffenen, dass Autoimmunerkrankungen überwindbar sind und dass Heilung möglich ist. Dass unsere Lebensmittel Heilmittel sind, wenn sie richtig gewählt werden, zeigt das Praxishandbuch. Detaillierte Informationen über die verschiedenen Obst- und Gemüsesorten und ihre hohe Konzentration an schützenden Substanzen, viele Tipps über die verschiedenen Zubereitungsarten und leicht nachzukochende Rezepte erleichtern den Einstieg in eine sehr bewusste Ernährungsweise.
Mit Palmer Kippolas Hilfe identifizieren Sie die 6 zentralen Werkzeuge, mit denen Sie Autoimmunerkrankungen wie Multiple Sklerose, Morbus Basedow, Reizdarmsyndrom oder Hashimoto an der Wurzel packen können.